Para esta hora

Un panorama profético sobre la Iglesia en el libro de Ester

Dra. Fuchsia Pickett

Casa Creación

PARA ESTA HORA por Dra. Fuchsia Pickett

Copyright © 2000 por Casa Creación.
Todos los derechos reservados.

Impreso en los Estados Unidos de América.

ISBN: 0-88419-704-2

Casa Creación
Strang Communications
600 Rinehart Road
Lake Mary, FL 32746
Tel. (407) 333-7117
Fax (407) 333-7147
Internet http://www.strang.com
//www.vidacristiana.com

A menos que se indique de otra cosa,
las referencias bíblicas incluidas en este
libro corresponden a la versión Reina-
Valera Revisada de 1960. Sociedades
Bíblicas Unidas, usada con el debido permiso.

Reconocimientos

Les estoy profundamente agradecida al Rvdo. Morris Taylor y su esposa Lydia, de Love International, en Santa Ana, California, por su aportación económica para conseguir una computadora que me ayudara en la publicación de mis libros.

Mi sincero reconocimiento a Cheryl Tipon, Nancy Quinn, Patricia L. Riggs y Carol Noe, quienes me han ayudado a reunir mis enseñanzas y predicaciones de un período de años sobre la revelación del libro de Ester, de manera que tomaran forma legible. Gracias a su ayuda, he podido escribir este mensaje profético para la Iglesia.

Dedicatoria

A mi hijo Darrell, que renunció a tanto en su vida con su madre para que ella pudiera adiestrar líderes y le pudiera ministrar al cuerpo de Cristo, tanto en la Iglesia local, como en la Iglesia en general.

Índice

Prólogo

Sin lugar a dudas el Señor está llamando hoy día a muchas mujeres de Dios a que sean Esteres. A través de las naciones de la tierra, muchas mujeres me han dicho: "Cindy, siento que Dios me ha llamado para esta hora." Este es un llamado grande y serio. Como la Ester bíblica, tenemos que entender lo que ese llamado requiere de nosotras. Muchos líderes jóvenes están pasando por la etapa de purificación, cuando saben que Dios los ha llamado a predicar y enseñar, pero todavía no han sido enviados del todo. Otras son mujeres que toman en serio el ministerio de ser madres a tiempo completo.

La Dra. Fuchsia Pickett es una pionera que se ha adelantado a nosotros para enseñarnos el camino.

Ella escribe sobre el quebrantamiento porque lo conoce en carne propia. Tanto hombres como mujeres pueden aprender sobre las profundidades espirituales que ella comparte en este libro.

Considero un honor el decir que la Dra. Pickett es mi amiga. Siempre me ha alentado a cumplir el llamado y el destino de Dios en mi vida. Si usted ha estado buscando de alguien que le sirva de mentor a través de sus escritos, permítame recomendarle este, y todos los libros de la Dra. Pickett. Son muy pocos los que tienen la unción profética que ella comparte en sus páginas.

Amados de Dios, por favor abran estas hojas y beban profundamente de las revelaciones que aquí se presentan. Usted será otra persona.

—DRA. CINDY JACOBS
GENERALES DE INTERCESIÓN
COLORADO SPRINGS, COLORADO

Introducción

Me he dado cuenta de que "la Iglesia", que no es una organización, un lugar ni una institución, sino ese organismo vivo "llamado" que ha salido de la mente y el corazón del mismo Dios, no es una ocurrencia tardía dentro de los propósitos de Dios. Aunque la revelación de la Iglesia en el Antiguo Testamento se halla escondida en sus tipos y en un lenguaje figurativo pintoresco, se revela plenamente en el Antiguo Testamento como la culminación del plan eterno de Dios.

He llegado a sentirme muy agradecida por la revelación hecha por el Espíritu Santo sobre la imagen profética que se halla en el libro de Ester. Su narración presenta el glorioso triunfo de la Iglesia, su relación con el Espíritu Santo, su victoria sobre la carne y su relación con el Rey de reyes mientras aprende a preparar un banquete de adoración para Él.

Es posible que el libro de Ester sea uno de los más grandes libros proféticos en la Biblia acerca de la Iglesia. Nos da una profunda comprensión en cuanto al lugar donde está hoy la Iglesia con relación a los propósitos de Dios. Puesto que no es un libro que se enseñe con frecuencia, todo lo que sabe mucha gente es el hermoso relato histórico que contiene, en el que se insiste en el tema de que Ester fue llevada al reino "para esta hora".

Sugiero que se lea de nuevo el libro de Ester al mismo tiempo que se lee este libro. Quiera Dios que nos ayude a hallar su propósito para nuestra vida y a alcanzar nuestro destino para nuestra generación.

—Dra. Fuchsia Pickett
Abril de 1992

1

La alegoría

La Iglesia tipificada

El libro de Ester es uno de los libros más proféticos de la Biblia. Es posible que esta afirmación sorprenda a los que hayan leído Ester sólo como un relato histórico de aquellos dramáticos sucesos que amenazaron la vida del pueblo escogido de Dios. Es cierto que la historia de Ester es una crónica precisa que enseña la providencia con la que Dios cuida de su pueblo. Pero su mensaje no se limita a una comprensión de estos sucesos históricos. En el libro de Ester, Dios está tratando de comunicar mucho más que acontecimientos naturales. A lo largo de todas las Escrituras, Dios usa las circunstancias naturales para enseñar verdades eternas. Estas verdades les revelan un Dios infinito a unos seres humanos finitos. Su anhelo de revelarse a la humanidad es tan fuerte, que llega al extremo de usar la vida misma para enseñarnos los principios relacionados con su amor.

Cuando el Dios infinito quiso comunicarse con los seres humanos finitos, tuvo que encontrar formas para que comprendiéramos lo que Él estaba diciendo. Debido al pecado, la mente del hombre no podía concebir a un Dios que fuera santo y absoluto. Por eso, Dios llegó hasta nuestro mundo y usó el lenguaje humano para revelar su voluntad con respecto a la humanidad. Les habló a los hombres por medio de parábolas, metáforas, símiles, hipérboles, tipos y alegorías. Usando estos instrumentos lingüísticos, dio a conocer en su Palabra hermosas verdades acerca de sí mismo y de sus propósitos con la humanidad.

Tomemos por ejemplo la historia de Ester, que nos revela por medio de la alegoría y la tipología unas profundas verdades acerca de nuestra relación con Dios y su plan para la Iglesia. Ester es un tipo de la Iglesia dentro de la misma Iglesia. Representa a la desposada de Cristo a la que se está preparando para que entre a la presencia del Rey de reyes. Mientras observamos el proceso de preparación al que ella se debe someter, podemos ver alegóricamente a la Iglesia en esta hora. Podemos aprender cómo obra Dios en su relación con su Iglesia para purificarla y hacerla entrar en su presencia. La destrucción definitiva de los enemigos de Ester y el reinado posterior de justicia y paz nos dan esperanza a nosotros para hoy. En medio de nuestras pruebas personales, podemos creer que aquello que Dios ha dispuesto para su Iglesia, Él es capaz de cumplirlo. Va a tener una Iglesia "sin arruga y sin mancha", purificada por medio de las pruebas, que adore al Padre "en espíritu y en verdad". La verdadera comprensión del libro de Ester nos revela proféticamente a esa Iglesia gloriosa por la cual murió Jesucristo.

Debemos poner con gran cuidado los fundamentos para la comprensión de los tipos y las alegorías, de manera que no violemos el verdadero significado de las Escrituras. Un *tipo* es una persona, un objeto o un suceso que representa a otro, en especial otro que ha de aparecer en el futuro. La tipología, el estudio de los tipos, puede sacar a la luz muchas verdades valiosas de la Palabra de Dios que de otra forma permanecerían escondidas para nosotros. Podemos descubrir estas verdades de la misma forma que se descubre la plata: descendiendo por un oscuro pozo de mina y cavando para hallarlas. Una *alegoría* es una historia en la cual las personas, las cosas y los acontecimientos tienen un significado que no es simplemente literal, sino simbólico también, y que con frecuencia contiene una instrucción moral.

Cuando Jesús enseñó acerca del pastor que salió en busca de su oveja perdida, no estaba relatando la historia de algún suceso concreto que se hubiera producido en Galilea. Estaba usando esa ilustración natural sobre la forma en que un pastor cuida de sus ovejas, para mostrar el amor del Padre, y la forma en que Él cuida de cada uno se sus hijos. David describió al Señor como un Pastor en el poético salmo que nos ha dado consuelo a lo largo de los siglos. (Con cuánta belleza ayudan estas imágenes verbales a revelarnos la naturaleza de Dios! En el Antiguo Testamento, cuando se iniciaron los sacrificios de animales para expiar los pecados de los hombres, Dios estaba presentando una sombra profética del sacrificio de su Hijo en el Calvario, la única muerte que lograría realmente esa expiación. Esos sacrificios eran un tipo de la realidad del sacrificio de Jesús que habría de venir.

LOS TRES GRANDES TIPOS

Hay tres tipos principales, o "esqueletos" que van caminando por todo el Libro y revelando sus verdades, desde el Génesis hasta el Apocalipsis. Seguir estas imágenes por la Biblia nos proporciona una hermosa comprensión del plan de Dios para su Iglesia. El primero de estos tipos es la imagen del Tabernáculo o Templo. El Tabernáculo de David y el Templo de Salomón nos revelas aspectos hermosos de la adoración que Dios anhela. El Señor tiene la intención de crear un templo de adoración a fin de llevarnos a su presencia. Pablo exhorta a los creyentes diciendo: "¿No sabéis que sois templo de Dios, y que el Espíritu de Dios mora en vosotros?" (1 Corintios 3:16). Cada uno de nosotros, cristianos del Nuevo Testamento, se ha convertido en lugar de habitación para el Espíritu de Dios, templo de adoración donde debe estar entronizado el Rey.

El segundo tipo que abre los secretos del Libro es la imagen del cuerpo o anatomía del ser humano. La Biblia habla de que los cristianos somos el cuerpo de Cristo en la tierra. Pablo exhorta a los corintios, diciéndoles que son "miembros cada uno en particular" del cuerpo de Cristo, y que Dios ha colocado a todos en el cuerpo como Él ha querido (1 Corintios 12:18, 27).

La analogía de la novia y el novio es un tercer tipo que revela verdades eternas a lo largo de todas las Escrituras. Rebeca, Rut y Ester nos permiten comprender con hermosa profundidad nuestra relación con Jesucristo. Dios le está preparando una novia a su Hijo, para llevársela al banquete de bodas del Cordero.

De esta manera, Dios comunica verdades eternas por medio de un "lenguaje de imágenes". Aprendemos a mirar más allá de los elementos naturales de las verdades que hay en las Escrituras para recibir las verdades alegóricas que enseñan, y que son más profundas. El Templo, el cuerpo de Cristo y la novia de Cristo son imágenes que se pueden usar como mapas para que terminen llevándonos a la revelación de nuestro Padre celestial y revelando verdades con respecto a Él y a sus propósitos acerca de la humanidad. Podremos leer la Biblia en busca de su historia literal o de los sucesos que recoge, o desde un punto de vista filosófico. Sin embargo, no abrir la mente a las parábolas, las expresiones parabólicas, los símiles, las metáforas, los tipos y las alegorías equivale a que dejemos de comprender mucho de lo que Dios está diciendo en su Palabra.

Para comprender de la forma debida el tipo y la alegoría, debemos darnos cuenta de que es importante no tratar de convertir cada Palabra en una historia que corresponda a una verdad divina. Por lo general, va a haber una o dos verdades espirituales que encontrar en un suceso que por lo demás es natural. Debemos tener el cuidado de no tratar de hallar tipos en todos los intrincados detalles de una alegoría que fue escrita para revelar unas pocas verdades principales. No hay historia terrenal alguna que simbolice de manera completa una verdad eterna. Por ejemplo, Abraham representa en las Escrituras a Dios Padre. Sin embargo, vemos que hubo ocasiones en las cuales Abraham no actuó como Dios. Debido a su humanidad, no podía ser un tipo perfecto del Padre celestial. Es posible que José sea el tipo más completo de Cristo en la Biblia. Hay más de trescientas comparaciones entre su vida y la de Cristo. Pero no era un hombre perfecto. No obstante, en su vida natural estos hombres sí vivieron ciertas verdades que nos ayudan a nosotros a recibir un mensaje espiritual procedente de un país y un Rey espirituales.

También nos debemos asegurar de que la verdad revelada en el tipo puede pasar por la cruz. Es decir, que la verdad que enseñe se debe relacionar sin que quede duda alguna con el plan eterno de Dios para la salvación de la humanidad, que fue cumplido por medio del derramamiento de la sangre de Jesús en el Calvario. Cada verdad que esté escondida en un tipo del Antiguo Testamento es revelada en la realidad del Nuevo Testamento que constituye el sacrificio de Jesús por el pecado de la humanidad. Sólo en cuanto nos ayudan a aplicar la verdad a nuestra vida, y en cuanto están de acuerdo con todas las demás Escrituras, constituyen una revelación válida. El propósito más alto de toda revelación debe ser transformarnos a imagen de Cristo.

En la hermosa alegoría de Ester descubrimos algunas verdades eternas muy valiosas. Hemos reconocido la veracidad histórica de los sucesos que aparecen en el libro de Ester. El pueblo judío aún celebra hoy algunos de esos sucesos. Sin embargo, como alegoría, el libro de Ester ilustra con mayor claridad los principios de la vida de Cristo que deben gobernar la vida del creyente, que ningún otro libro del Antiguo Testamento. En ningún otro texto se demuestra con mayor claridad la experiencia espiritual del nuevo nacimiento. El libro de Ester explica con claridad las condiciones que se deben cumplir antes de poder entrar a la presencia del Rey. Nos da una hermosa comprensión de la forma en que se lleva a la Iglesia a la adoración verdadera. Ester también nos enseña verdades relacionadas con el verdadero discipulado, el que significa darlo todo para poderlo seguir a Él.

Un rasgo singular del libro de Ester es el que no aparezca en él el nombre de Dios. Con todo, presenciamos la forma en que actúa su providencia a lo largo de todo el libro, y vemos cómo Él cuida de su pueblo en la adversidad. También aprendemos por medio de Ester la manera en que Dios humilla al altivo y exalta al humilde, y que Él salva a los que dirigen a Él su oración y confían en Él. Al mirar cuidadosamente tras los datos históricos de lugares y personajes que aparecen en el libro de Ester, vamos a descubrir estas hermosas verdades que Dios le estaba revelando en él a la humanidad. En su intento por revelarle al hombre su amor, Dios usó la vida real de ciertas personas como un instrumento de comunicación para ayudarnos a comprenderlo en su condición de Dios infinito. Aunque los sucesos fueron significativos en sí mismos, también hallaremos importantes verdades alegóricas que podemos aplicar a nuestro caminar con Dios.

Dos grandes corrientes de Revelación

Hay dos corrientes alegóricas de revelación en el libro de Ester, y cada una de ellas está completa en sí misma. Estas dos facetas de la verdad se complementan entre sí. La revelación de la *naturaleza tripartita del ser humano* en su proceso redentor corre paralela a la *revelación profética de la Iglesia*. Estas dos corrientes alegóricas terminan uniéndose en un gran río en la realidad del "Cristo en vosotros, la esperanza de gloria". Al estudiar detenidamente cada una de estas corrientes, quedará enriquecida nuestra comprensión sobre los caminos de Dios en sus relaciones con la humanidad. Su propósito definitivo consiste en tener una Iglesia gloriosa sin mancha ni arruga, llena de cristianos que hayan sido purificados para adorarlo en espíritu y en verdad.

La naturaleza del hombre redimido

La primera corriente de revelación que aparece en Ester enseña la redención de la naturaleza tripartita del ser humano. Revela la fuente de los conflictos personales para el cristiano nacido de nuevo. Si llegamos a comprender esos conflictos, podremos aprender a vencer el poder del pecado que amenaza con destruirnos. Dios creó al hombre como un espíritu con un alma y un cuerpo. Cuando Adán pecó, su espíritu, que había estado vivo en Dios, murió a esa relación. Entonces fue su alma la que comenzó a gobernarlo, y ésta está formada por el intelecto, la voluntad y las emociones. La vida independiente de Dios trajo la muerte a la humanidad: una muerte que Dios nunca había tenido la intención de que los hombres la experimentaran. Cuando aceptamos la sangre de Cristo que se nos ha provisto para resolver el problema del pecado y nacemos de nuevo, nuestro espíritu es re-creado. Pasamos a estar vivos para Dios y entramos en una relación con Él.

Sin embargo, esta relación no está completa mientras nuestra alma no se rinda perfectamente a Dios. La forma en que pensamos y sentimos, las decisiones que tomamos con nuestra voluntad, deben quedar bajo el control del Espíritu Santo para que disfrutemos de la justicia, la paz y el gozo de su Reino. Ese tipo de rendición no sucede de la noche a la mañana, sino que exige un proceso de entrega continua a la obra del Espíritu Santo. El conflicto es inevitable cuando nuestra voluntad, nuestro pensamiento o nuestros afectos marchan en sentido contrario a Dios.

Una vez comprendida la naturaleza tripartita del hombre, y con ella el conflicto causado por el problema del pecado, seguimos esta corriente alegórica a lo largo del libro de Ester para ver cómo Dios trata a un ser humano para llevarlo a la crisis que significa la experiencia de nacer de nuevo. En la primera parte de nuestra historia, el rey representa el *alma* del hombre. Esa parte del hombre que vive en el trono es la responsable final de todas nuestras decisiones. Nuestra voluntad gobierna nuestras decisiones, y también nuestro intelecto y emociones. Dios le ha dado a todo ser humano una voluntad libre, con la cual podemos escoger entre amarlo o rechazarlo. Su anhelo es recibir un amor que brote de un corazón dispuesto que decida entregarle su fidelidad a Él solo. El rey que vemos al comienzo de la historia está gobernando su propio reino de forma independiente, sin relación alguna con Dios.

La reina Vasti representa el *espíritu rebelde e independiente* del ser humano, que se niega a obedecer o cooperar con el rey. Es necesario echarla a un lado para que Ester, el *espíritu sumiso y nacido de nuevo* pueda entrar al palacio. Ester tiene lazos de parentesco con Mardoqueo y lo obedece en todas las cosas. Mardoqueo es tipo del *Espíritu Santo*, cuyo dominio siempre trae paz y prosperidad al reino. Amán representa la *carne*, o sea, la naturaleza natural del ser humano. Tiene gran influencia sobre el rey, o alma, y siempre rivaliza con el Espíritu Santo en busca de honor, exigiendo preeminencia. No está dispuesto a tolerar a Mardoqueo, a quien odia. Debido a su odio, toma la decisión de barrer de la tierra a Mardoqueo y a todos los judíos. Ataca cruelmente la vida de Ester, amenazando no sólo su vida, sino también la de su pueblo, que representa a la *Iglesia*. La intensidad del conflicto entre Amán y Ester no ofrece esperanza alguna de coexistencia.

Este conflicto humano describe con exactitud la lucha de todo creyente nacido de nuevo. Nuestra vida natural hace guerra contra la vida del Espíritu de

Dios que está en nosotros. El Nuevo Testamento presenta claramente esta realidad cuando Pablo les escribe a los gálatas y les dice: "Porque el deseo de la carne es contra el Espíritu, y el del Espíritu es contra la carne; y éstos se oponen entre sí..." (Gálatas 5:17). A los romanos les explica: "Porque los que son de la carne piensan en las cosas de la carne; pero los que son del Espíritu, en las cosas del Espíritu. Porque el ocuparse de la carne es muerte, pero el ocuparse del Espíritu es vida y paz" (Romanos 8:5-6). Nos podemos regocijar al ver que Ester fue librada de Amán, en la esperanza de disfrutar de esa misma victoria en nuestra vida personal si nos entregamos a la obra del Espíritu Santo.

LA REVELACION PROFECTICA DE LA IGLESIA

La segunda corriente principal de revelación tiene que ver con la revelación profética de la Iglesia en el libro de Ester. Nos enseña el anhelo que tiene Dios de que su Iglesia entre en su presencia en una adoración verdadera y revela el proceso necesario para llevarla a ella. Si seguimos esta corriente alegórica, veremos a Dios preparando a su desposada y redimiendo a su Iglesia para cumplir sus propósitos. Observamos el cuidado providencial que tiene con su pueblo y vemos cómo le da la victoria sobre los enemigos que amenazan a la Iglesia.

En este caso, el rey representa a Jesús, nuestro Prometido. Por supuesto, el rey que vemos al comenzar la historia no encaja dentro de esta corriente alegórica. Jesús es el gobernante del Reino en el cual se le ha dado a Mardoqueo la autoridad debida, y todos sus enemigos han quedado destruidos. Cuando el Espíritu Santo ha tomado el lugar que le corresponde con todo derecho en la Iglesia, conocemos la paz con respecto a nuestros enemigos y prevalecen la justicia, la paz y el gozo en el Reino de Dios.

Ester, la reina y desposada obediente, representa a la Iglesia dentro de la Iglesia. Es la desposada que ha decidido vivir en una relación de amor con el Rey, sin que le importe el sufrimiento necesario a fin de reunir las cualidades para esa relación. La obediencia de Ester a Mardoqueo, y el hecho de que estuvo dispuesta a poner su vida por su pueblo fueron los que dieron por resultado el que al final todos ellos salvaran la vida. El secreto del corazón obediente de Ester se refleja en estas dos afirmaciones suyas: *"Si place al rey..."* y *"Si perezco, que perezca"*. La Iglesia debe expresar este mismo grito doble para ser salvada de sus enemigos. Debemos tener el anhelo de agradar al Rey de reyes en todo lo que hacemos. Y también debemos estar dispuestos a entregar la vida para que la justicia prevalezca por encima de la maldad. Éste es el testimonio de la Iglesia en el Apocalipsis: "Y ellos le han vencido por medio de la sangre del Cordero y de la palabra del testimonio de ellos, y menospreciaron sus vidas hasta la muerte" (Apocalipsis 12:11).

Los preparativos de Ester para entrar a la presencia del rey revelan los procesos dispuestos por Dios para hacer que la Iglesia entre en su presencia. Son paralelos también a la forma en que Dios trata a cada creyente mientras lo prepara para entrar a la presencia del Rey. No hay contradicción alguna entre la forma en que Dios trata a cada creyente, y sus preparativos para su Iglesia, el cuerpo de Cristo en la tierra. La Iglesia está formada por creyentes que han permitido que el trato y los preparativos de Dios se conviertan en una realidad transformadora.

Si seguimos estas dos corrientes de revelación a partir de esta rica alegoría, podemos contemplar el escenario del libro con una expectación mayor, no limitándonos a mirar a los lugares y sucesos naturales. Podemos esperar ver la forma en que Dios obra para redimir al ser humano, y también sus propósitos al establecer a su Iglesia sobre la tierra. Al permitirle al Espíritu Santo que nos abra la mente a la significación alegórica de los lugares, personajes y sucesos, descubriremos verdades relacionadas con el amor de Dios y con su decisión de revelarle ese amor a la humanidad.

2

Los sucesos históricos

La Iglesia en el tiempo

Dios se limita a los tiempos y lugares para realizar el plan eterno que tiene para su Iglesia. Con todo, esas limitaciones no impiden que lleve a cabo sus propósitos. Los usa para su propia ventaja a fin de preparar los corazones para que entren en su gran Reino de amor. Su paciencia es inagotable y dispone circunstancias providenciales que creen unas crisis capaces de llevar a los seres humanos a una situación en la que tengan que escoger. El trabajo que hace Dios en su pueblo es de un valor inmensamente mayor de lo que nunca nos podremos imaginar hasta que lo veamos desde la perspectiva de la eternidad.

El tiempo

En *God's Dream* ["El sueño de Dios"] escribí acerca del amor-dolor de Dios que lo hizo estar dispuesto a sacrificar a su único Hijo para satisfacer el anhelo de su corazón por tener una familia. Vale la pena revisar aquí mi descripción de la forma en que Dios usó el tiempo para cumplir su anhelo para que adquiramos una perspectiva eterna acerca del plan de Dios para su Iglesia. Esto es lo que escribí:

La historia de amor más poderosa que se haya contado jamás es la historia del amor de Dios. Toda la humanidad forma parte del sueño de Dios por tener una familia "según nos escogió en él antes de la fundación del mundo... en amor habiéndonos predestinado para ser adoptados hijos suyos por medio de Jesucristo, según el puro afecto de su voluntad" (Efesios 1:4-5).

Teniendo el firme propósito de realizar su sueño de tener una familia sin tener en cuenta el precio, Dios comenzó a desarrollar su plan eterno cortando por la mitad la eternidad, y llamándole tiempo. Comenzó su obra de creación y estableció a la humanidad en el huerto del Edén. Allí tuvo comunión con los primeros que creó para se convirtieran en la familia que satisfaría el amor de su corazón y realizaría su sueño. Pero Adán y su mujer no pasaron la prueba de amor a causa de su desobediencia. La Voz llegó caminando, buscándolo. "Adán, ¿dónde estás?" El sueño del Padre, conocido sólo por la Deidad, no se le pudo revelar al hombre. Dios no le pudo hablar a Adán sobre el pacto de la Deidad, debido a su desobediencia.

Siglos más tarde, Moisés recibió la ley de Dios, pero esa ley no nos podía decir cuál era el sueño de Dios. Lo que había en el corazón de Dios Csu sueñoC no fue revelado. Los historiadores, salmistas y poetas de la Biblia no lo captaron. Ni siquiera los profetas estuvieron conscientes del sueño de Dios. Cuatrocientos tenebrosos años después de quedar en silencio los profetas, lo que Dios tenía planificado no se había revelado aún.

De manera que Dios le dio a su amor la forma de una Persona y lo envió a la tierra como la imagen expresa suya. Todo cuando Jesús decía, cada palabra que hablaba, tenía la intención de mostrarnos el corazón del Padre. Jesús sanaba a los enfermos y liberaba a los cautivos para revelarnos el amor del Padre...

Ni siquiera Él les pudo decir a sus discípulos lo que había en el corazón del Padre. Ellos tenían el pensamiento centrado en un reino terrenal presente...

Jesús terminó el plan de la redención de la humanidad por medio de su sacrificio en el Calvario. Entonces, se le confió al Espíritu Santo la labor de hacer en la tierra su maravillosa obra de atraer a los seres humanos a Dios... El corazón de Dios latía aún con el anhelo de tener una familia a su imagen, con su espíritu de familia Cel Espíritu del CorderoC, para que viviera y reinara con Él. Sin embargo, nadie nos había podido presentar plenamente ese sueño. En el día de Pentecostés, cuando vino el Espíritu Santo, Pedro miró como con telescopio toda la Era de la Iglesia, pero no vio entero el sueño de Dios. Vio fragmentos de sus comienzos y de su final, tal como lo profetizó (Hechos 1), pero no dijo una palabra acerca de lo que había en el corazón del Padre.

Entonces, un día, un hombre con un espíritu sanguinario, aparentemente más alejado del corazón de Dios que todos los demás, tuvo un encuentro sobrenatural con el Dios viviente, y fue capturado con un propósito especial. Saulo de Tarso se convirtió en Pablo, el apóstol. Durante un tiempo, fue "predicador del Evangelio completo", hasta que Dios le dijo que se fuera al desierto de Arabia. Sin consultar con carne ni sangre, obedeció al mandato del Espíritu. Durante los tres años que Pablo pasó en aquel desierto, el Padre desarrolló ante él el misterio que había estado escondido desde antes de la fundación del mundo.

Así fue como Pablo le explicó a la Iglesia de Éfeso que el plan eterno de Dios era "aclarar a todos cuál sea la dispensación del misterio escondido desde los siglos en Dios... para que la multiforme sabiduría de Dios sea ahora dada a conocer por medio de la iglesia a los principados y potestades en los lugares celestiales, conforme al propósito eterno que hizo en Cristo Jesús nuestro Señor" (Efesios 3:9-11).

Aunque Dios habita en la eternidad, obra en el tiempo para realizar sus propósitos divinos. Dios es el labrador que "espera el precioso fruto de la tierra..." (Santiago 5:7). Durante cerca de dos mil años ha estado trabajando pacientemente en la tierra para edificar su Iglesia. A lo largo de los siglos ha estado restaurando verdades que la Iglesia perdió después de sus magníficos días del principio, tal como aparecen en el libro de los Hechos. Vamos a ver la obra de sus manos en la plenitud de los tiempos, y va a culminar en una

Iglesia gloriosa y en la presentación de una hermosa desposada a su Hijo.

El clamor del salmista fue: "En tu mano están mis tiempos; líbrame de la mano de mis enemigos..." (Salmo 31:15). Al ver a la Iglesia tipificada por Ester, presenciamos el conflicto espiritual que existe en su contra. Tiene que enfrentarse a enemigos formidables a base de poner su confianza sólo en que Dios la salve. ¿Podemos apreciar el drama y la pasión que hay en la súplica que le hace Mardoqueo a Ester? "¿Y quién sabe si para esta hora has llegado al reino?" (Ester 4:14). El destino eterno de Ester quedó revelado en un momento de crisis en el que se decidiría su suerte y la de su pueblo.

El estudio de la historia de la Iglesia revela muchos otros conflictos terribles por los que ha pasado ésta, cada vez que sus enemigos han tratado de destruirla. Sin embargo, la Iglesia de hoy está recibiendo fortaleza y se está preparando para recibir un mover de Dios como nunca antes hemos visto. Hoy en día podemos esperar ver una victoria sobre la maldad semejante a la que experimentó Ester a favor de su pueblo. Dios está preparando de nuevo a su Ester para que reine triunfante, completamente sometida a la autoridad del Espíritu Santo. Va a tener una Iglesia gloriosa formada en el tiempo, para que reine con Él en la eternidad.

EL LUGAR

El lugar que Dios escogió como escenario para los principales sucesos en la historia de Ester fue la ciudad real de Susa. El nombre de *Susa (Shushán)* significa "ciudad de los lirios". En las Escrituras el lirio representa a la desposada. Por ejemplo, en el Cantar de los Cantares, la sulamita les dijo a las hijas de Jerusalén que su amado había ido al huerto a recoger lirios. Después les dice: "Yo soy de mi amado, y mi amado es mío; él apacienta entre los lirios" (Cantares 6:3). Dios dijo que Israel "florecerá como lirio", al referirse a la nación como una fiel desposada para Él (Oseas 14:4-5). En hebreo se usa la misma palabra para el lirio y para la flor del almendro. La única flor que Dios usaba en el Tabernáculo era la flor de almendro que ordenó que se grabara en el Lugar santísimo. Los artesanos les dieron a los candelabros la forma de lirios, lo cual los convertía en sombra de la desposada que Él anhela llevar a su presencia.

Jesús les dijo a sus discípulos que pensaran en los lirios del campo y la forma en que crecen. Les dijo: "No trabajan ni hilan; pero os digo, que ni aun Salomón con toda su gloria se vistió así como uno de ellos. Y si la hierba del campo que hoy es, y mañana se echa en el horno, Dios la viste así, ¿no hará mucho más a vosotros, hombres de poca fe?" (Mateo 6:28-30). Dios apreciaba más al lirio que a la grandeza del Templo de Salomón. Podemos leer sobre las toneladas de oro usadas en la edificación de este Templo, los metros de terciopelo puro y los miles de joyas preciosas. Sin embargo, estas riquezas no impresionaban a Dios tanto como la belleza de su obra en el lirio del campo.

Si meditamos en los lirios vamos a aprender verdades acerca de la desposada de Cristo y de la forma en que Dios edifica su Reino. Las obras de Dios que tal vez nosotros consideremos comunes y corrientes, y de poco valor, Dios las estima más que todos los monumentos grandiosos que pueda levantar el hombre. Los lirios de Dios son su pueblo, en el cual Él ha puesto una dependencia y una confianza de una extraña belleza. Así comenzamos a comprender esa sencilla relación de confianza que debemos tener con ese Dios que es el único que nos puede revestir con la belleza del lirio. Por eso es tan significativo que la ciudad de Ester, que sirve de escenario a esta alegoría, sea la "ciudad de los lirios". Podemos esperar ser testigos de la obra de Dios aquí, mientras crea la belleza que Él anhela ver en su pueblo.

Al comenzar la narración histórica, el escritor nos presenta un poderoso rey sentado en su trono y dominando sobre su vasto imperio. El rey Asuero gobernó desde la India hasta Etiopía, sobre ciento veintisiete provincias. Basta la definición de las fronteras de su imperio para darnos una perspectiva del poder y la influencia que tenía este rey como gobernante a nivel mundial. Después de haber gobernado tres años, el rey hizo un festín para todos sus príncipes y siervos. Su propósito era exhibir el poder y la riqueza de su reino.

El banquete se alargó seis meses. Después de aquella larga celebración, el rey invitó a todos los que vivían en Susa, su capital, a un banquete que duró siete días. El palacio debe haber fascinado a la gente, con sus exquisitas colgaduras de lino blanco y púrpura, sus columnas de mármol y sus divanes de oro y plata. Los invitados caminaban sobre pavimentos de mármol rojo, azul, blanco y negro, madreperla y piedras preciosas. Todo cuanto veían daba testimonio de la gran riqueza y el gran poder de su rey. Disfrutaban de las hermosas columnas monumentales del Jardín de Mármol mientras contemplaban las extravagantes colgaduras que eran una forma de arte en aquellos tiempos.

Mientras se maravillaban con el esplendor del palacio, los invitados recibieron vasijas de oro. Estas vasijas de oro eran todas de un estilo diferente, hechas a mano con un solo propósito: llenarlas con el vino del rey. Según la costumbre, la cantidad de vino que alguien consumía en la presencia del rey indicaba lo mucho que honraba al rey y disfrutaba de su presencia. Sin embargo, este rey les permitió a sus invitados beber mucho o poco, como ellos quisieran. No los forzó a beber para manifestarle su gratitud por hallarse en su presencia.

Si pensamos alegóricamente en las vasijas de oro únicas llenas de vino, veremos que hablan de nuestra vida en Cristo. En las Escrituras, el oro representa el carácter de Dios en su divinidad y su valor. El Arca del pacto, donde permanecía la presencia de Dios en los tiempos del Antiguo Testamento, estaba recubierta de oro puro, y el Propiciatorio estaba hecho de oro puro. Cuando acudimos al trono de Dios en oración para pedirle misericordia, hallamos allí su carácter. En la pureza de su amor y su bondad, allí está Él para recibirnos. El vino es imagen del Espíritu Santo, el aliento viviente de Dios. Estas vasijas únicas de oro llenas de vino son como los hijos de Dios en la tierra; como la Iglesia. En nuestra condición de hijos de Dios, todos somos vasijas destinadas a manifestar el carácter de Dios y a ser llenadas con su vida. Él nunca nos obligará a beber su vida, pero sí quiere que nos decidamos a participar de la vida del Espíritu Santo.

Jesús nos enseña a permanecer como pámpanos en la Vid, para que produzcamos el fruto de la Vid. Él es la Vid y nosotros somos los pámpanos. Cuando permitimos que su Palabra habite en nosotros y guardamos sus mandamientos, damos mucho fruto. El carácter y la naturaleza de la Vid producen la corriente de vida en los pámpanos. Jesús es el carácter de Dios que vive en nosotros y produce un fruto que permanece. La Iglesia se puede llenar de la presencia de Dios si nosotros permitimos continuamente que se nos vaya transformando según el carácter de Dios. La formación de ese carácter nos va a exigir que nos humillemos, tal como lo hizo Jesús, para cumplir la voluntad del Padre.

Cuando los reyes de la era del Antiguo Testamento querían humillar a una persona, le ofrecían vino en una vasija de barro, y no en una de oro. Así, todo el mundo en la corte sabía que aquella persona había desagradado al rey. Era humillada en público porque tenía que beber el vino del rey en una vasija de barro. Cuando Jesús vino a la tierra, se humilló voluntariamente a sí mismo, dejando la eternidad y derramándose en una vasija de barro. Dejó a un lado su divinidad y se hizo hombre, sometiéndose a las limitaciones de tiempo y lugar. Por medio de esa humillación para convertirse en una vasija de barro llena del carácter y la vida de Dios, hizo posible nuestra redención, gracias a su muerte en la cruz.

Pablo le dijo a la Iglesia que "tenemos este tesoro en vasos de barro, para que la excelencia del poder sea de Dios" (2 Corintios 4:7). El carácter de Dios, tal como se manifiesta en la humildad de Cristo, se refleja en la Iglesia. Dios quiere reemplazar la humillación de estas vasijas de barro con su carácter, que brilla como el oro en la vida de sus hijos. Eso sólo puede suceder por medio de una drástica transformación de nuestra naturaleza humana. En la emocionante narración de Ester, vemos en tipo esta transformación sobrenatural.

Leer el libro de Ester es como ver una película de ritmo rápido, llena de intriga, insubordinación, romance y conflicto. A medida que se van desarrollando los acontecimientos, podemos disfrutar al ver cómo el bien vence al mal y la justicia triunfa sobre la maldad en este histórico relato de la intervención de Dios para salvar a su pueblo.

Mientras continuaba la celebración dispuesta por el rey, éste se encontró con algunas dificultades inesperadas. Mientras estaba exhibiendo la grandeza y riqueza de su reino, decidió hacer llamar a su reina para exhibirla también. Para su consternación, la reina Vasti se negó a acudir a la orden del rey. Debido a esta rebelde violación del protocolo, el rey les pidió consejo a los que lo rodeaban en cuanto a decidir qué hacer con una reina que manifestaba una insubordinación tan grande ante el rey. El consejo que recibió fue que expulsara a su reina y se buscara una nueva. El rey aceptó ese consejo, lo cual tuvo como consecuencia que terminara escogiendo a

Ester, prima del judío Mardoqueo, para que se convirtiera en la nueva reina (Ester 2). Cuando observamos la obediencia y el espíritu sumiso de Ester durante el proceso de ser elegida reina y durante su reinado, vemos el carácter de la desposada de Cristo.

Los sucesos históricos que recoge el libro de Ester nos revelan de manera maravillosa la providencia de Dios cuando observamos el cuidado con el que guarda a su pueblo. Dios nos da a sus hijos todas las oportunidades posibles de recibir su ayuda para triunfar sobre las fuerzas de destrucción que nos querrían tragar. Él es el poderoso Libertador que lucha por los que somos suyos y nos capacita para hacer proezas contra nuestros enemigos. Las riquezas de verdades divinas que descubrimos en esta sencilla narración constituye una maravillosa inspiración para todas las almas que sienten sobre sí el decreto de muerte. Pueden apelar a su Rey. Basta con que apele a Él para que su liberación sea segura.

Aunque los sucesos históricos son en sí dramáticos, se desarrollan de manera más significativa aún cuando comenzamos a explorar las verdades alegóricas que representan. Podemos adquirir una valiosa comprensión de nuestro caminar como cristianos, y de la revelación profética de la Iglesia por medio de nuestro estudio. Como alegoría, Ester es una historia en la cual la gente, las cosas y los sucesos tienen un profundo significado. Para explorar ese significado, nos podemos imaginar que estamos descendiendo a una mina de plata para extraer el precioso mineral de verdad que se halla bajo la superficie de la tierra. Al descender, lo primero que descubrimos en la alegoría son los personajes. Éstos nos revelan la naturaleza de este reino cuando exploramos el significado de sus nombres.

3

Los personajes

La Iglesia en la tentación

¿Qué importancia puede tener un nombre? El estudio del nombre de *Shushán* reveló su importancia como el lugar donde Dios estaba realizando su obra. La "ciudad de los lirios" era el lugar donde vivía la desposada y terminó sometida al benevolente reinado de paz y justicia del Espíritu Santo. Los nombres de los personajes que intervienen en la alegoría pueden revelar también verdades igualmente básicas con respecto al carácter de este reino. Históricamente, los niños recibían un nombre por su significado, no sólo porque sonara bien, o por honrar a un pariente favorito. Con frecuencia, el nombre revelaba el carácter de una persona, sobre todo en las Escrituras.

Cuando Dios luchó con Jacob, le pidió que le dijera

su nombre. Al decirle su nombre, Jacob se dio cuenta de cuál era su personalidad, porque significa *suplantador, embaucador, engañador.* En ese encuentro tan terrible y maravilloso con Dios, le fue cambiado el nombre para que estuviera de acuerdo con el cambio de personalidad que se produjo en él por medio de su dramático encuentro con el Señor. El nombre de *Jesús* significa *salvador.* Cuando el ángel del Señor se le apareció a José en un sueño, le dijo que su prometida, María, daría a luz un hijo que se debería llamar Jesús, "porque él salvará a su pueblo de sus pecados". Es muy importante que comprendamos el significado de los nombres que aparecen en las Escrituras para descubrir verdades que de no ser así nos estaríamos perdiendo.

Al comenzar la historia de Ester encontramos al rey Asuero, cuyo nombre significa *el poderoso.* Es un monarca obstinado, centrado en sí mismo, dominante y egoísta que representa al alma sin regenerar del hombre. El alma es donde residen el intelecto, las emociones y la voluntad de la persona. La voluntad del rey es la que determina sus decisiones para la vida. De igual manera, de la sala del trono de nuestra alma proceden los decretos que rigen nuestra vida. En última instancia, somos responsables ante Dios por toda decisión que tomemos mientras ejercitamos nuestra voluntad libre. Aunque otros traten de influir sobre nuestras decisiones, somos nosotros los que escogemos entre ceder o no a su influencia. Dios pone ante nosotros la decisión entre vida y muerte, y anhela que escojamos la vida. Si no lo hacemos, debemos aceptar las consecuencias de nuestras decisiones.

El rey Asuero se había rodeado de siete eunucos (chambelanes) que servían ente su presencia, y de otros hombres sabios que conocían los tiempos. Buscaba ayuda en estos hombres a la hora de tomar decisiones. Sus nombres tienen significados que son muy reveladores en cuanto a la clase de consejo que recibía este rey. Aquéllos a quienes creemos, permitiendo que influyan en nuestras decisiones por medio de sus consejos, ayudan a formar nuestra personalidad. Tanto si esos consejos proceden de nuestros propios anhelos y pensamientos interiores, como si proceden de gente que nos rodea, es posible que suenen semejantes a las voces de los hombres que rodeaban a este rey no regenerado.

En la Iglesia se oye con frecuencia a estos mismos consejeros, porque a menos que el Espíritu Santo ocupe en ella el lugar que le corresponde, vamos a estar sometidos a las opiniones, acusaciones e ideas de mentes carnales. En las Escrituras aparecen dos fuentes de sabiduría. Una es la sabiduría de lo alto, que procede de la mente de Dios, que es "primeramente pura, después pacífica, amable, benigna, llena de misericordia y de buenos frutos, sin incertidumbre ni hipocresía" (Santiago 3:17). La otra fuente de sabiduría es la aquél que era "el sello de la perfección, lleno de sabiduría" (Ezequiel 28:12) antes de ser echado fuera del cielo para convertirse en el archienemigo de Dios. Lucifer es la fuente de una sabiduría que es "terrenal, animal, diabólica" (Santiago 3:15). Su sabiduría produce envidia, antagonismo, confusión y toda obra de maldad (v. 16).

Por supuesto, el rey Asuero estaba recibiendo

consejos de hombres sin regenerar porque él mismo estaba en esa misma situación. El primer chambelán que se menciona en la corte de este rey es Mehumán, cuyo nombre significa *fiel,* o *he sido fiel.* Es posible que este carácter parezca al principio una influencia positiva, pero esto es hasta que nos pone exigencias debido a su historial de fidelidad. Tal vez espere que sigamos sus sugerencias porque él se ha ganado el derecho a que lo oigamos. Su escuchamos su voz a través de amigos y parientes, es posible que nuestra lealtad hacia ellos se convierta en un obstáculo para nuestras decisiones a favor de Dios. Si su voz procede del interior de nuestro propio corazón, deberíamos comprobar primero, para ver si estamos actuando con lealtad a nosotros mismos, y no a Dios. El lugar donde fijemos nuestras lealtades en los momentos de decisiones va a influir sobre nuestro futuro de una manera poderosa.

Bizta, el segundo chambelán que se menciona, está estrechamente relacionado con el primero. Su nombre significa *te he servido bien; me debes mucho.* Si manifestamos una lealtad a nosotros mismos o a otros que exija una fidelidad de este tipo, no vamos a manifestar la fidelidad a Dios que le es debida. Harbona, cuyo nombre significa *mis propias decisiones,* era un chambelán poderoso. Su nombre tiene gran fuerza en sí mismo, y sugiere enredo. El humanismo, la religión atea de muchos, declara que todas las personas tiene autodeterminación. Es decir, que cada cual es responsable de su destino, basado solamente en sus decisiones. Esta filosofía hace al hombre autónomo, sin tener en cuenta una fuente divina de poder que sea mayor que él. Este engaño obra de manera poderosa en la mente independiente del rey, haciendo que niegue la realidad de Dios.

Bigta inspira más lealtad aún. Su nombre significa *en el lagar a través de muchas aflicciones*. El sufrimiento tiene el poder de unir a la gente. Esto puede ser positivo cuando nos fortalece para que hagamos la voluntad de Dios. Sin embargo, si nos sentimos obligados a responder a este carácter en nosotros o en los demás antes de reflexionar sobre la voluntad de Dios, no actuamos con sabiduría. Abagta, cuyo nombre significa *padre del lagar*, está estrechamente relacionado con Bigta. Se atribuye el mérito de habernos hecho lo que somos, gracias a lo que él ha invertido en nuestra vida; por consiguiente, lo debemos tener en cuenta en todas nuestras decisiones.

Zetar es un chambelán al que nos es muy tentador seguir. Su nombre significa *te voy a poner en la cima*. Promete asegurarse de que triunfemos si seguimos sus sugerencias y cedemos ante su influencia. En toda persona existe el anhelo de dominar; de tener el control de su vida. La decisión de seguir el consejo de este chambelán de "ponernos en la cima" va directamente en contra de la enseñanza del Señor, según la cual, para ser grandes, primero debemos convertirnos en siervos de todos (Mateo 20:27).

Carcas, el último chambelán mencionado, es una fuerte influencia cuyo nombre significa *el amarrado*. Insiste en que estamos amarrados a él y no podemos cambiar, porque así hemos sido durante toda nuestra vida. Aunque todos podemos identificar en nuestro interior una dolorosa resistencia a aceptar el cambio, no debemos permitir que la aversión nos impida que obedezcamos a Dios. No nos atrevamos a amararnos a gente, lugares o posiciones de tal forma que esto nos impida seguir el llamado de Dios sobre nuestra vida.

¿Con cuánta frecuencia hemos visto a la Iglesia perder la vida de Dios, porque se ha resistido ante el cambio y ha decidido honrar la tradición en lugar de recibir la nueva revelación que Dios estaba restaurando? Nos hemos amarrado a hacer las cosas de la forma que siempre las hemos hecho, y no podemos aceptar la vida fresca que nos viene en el aliento de Dios. Así es como el Espíritu Santo de Dios nos deja atrás y sigue adelante para cumplir sus propósitos. No puedo pensar en nada más trágico, que un iglesia donde Dios solía estar. Muchas iglesias locales han rechazado la revelación más plena sobre la alabanza y la adoración que Dios le está dando a su cuerpo. Han escuchado el consejo de Carcas, y están atados a las formas en las que siempre han tenido sus cultos. Debemos estar dispuestos a cambiar nuestras formas, sometiéndolas al Espíritu Santo, si esperamos crecer en la vida de Dios.

Caer bajo la influencia de uno solo de estos deplorables chambelanes podría significa la derrota de todo anhelo de Dios que tengamos. Reunidos, se convierten en un formidable enemigo, puesto que asaltan nuestra alma desde dentro y desde fuera, desde nuestras lealtades, y terminan afectando nuestras decisiones. Sin embargo, a pesar de ser tan poderosos, aquellos siete chambelanes no eran las únicas personas influyentes que se hallaban en la presencia del rey.

En la corte de este rey histórico había siete hombres sabios cuya posición era más elevada que la de los chambelanes. Su poder para influir sobre el rey era mayor que el de los primeros consejeros y, en el sentido alegórico, tienen un poder mayor para influir sobre nuestra vida. El primer sabio se llamaba Carsena, que significa *cambia el Cordero*. Las Escrituras enseñan con claridad que el pecado sólo se puede eliminar con el derramamiento de la sangre de un cordero. Esa realidad culminó en el derramamiento de la sangre de Cristo, el Cordero de Dios, en el Calvario. Sin embargo, a pesar de esto, a lo largo de la historia ha habido sectores de la Iglesia que han tratado de negar la necesidad de la sangre de Jesús como la única expiación por el pecado. Otros han deseado tener un evangelio de prosperidad, sin sufrimiento. Grandes movimientos religiosos que parecen cristianos, al menos de nombre, se han atrevido a eliminar la sangre de sus enseñanzas al caer bajo la influencia de "Cambia-el-Cordero". Su dogma es un dogma vacío que pasa por alto textos de las Escrituras como Hebreos 9:22: "Sin derramamiento de sangre no se hace remisión". Sin la obra mediadora, sustituta, vicaria y eficaz del Cordero maravilloso, el hombre carece de esperanza. La influencia de este hombre "sabio" impide que el rey llegue al conocimiento y poder verdadero del Evangelio.

Junto a Carsena se sienta Setar, cuyo nombre significa *te voy a buscar respuestas*. Sin conocimiento del Evangelio verdadero, Setar decide hallar respuestas alternas para las preguntas del rey con respecto a la vida. Las filosofías al estilo del ateísmo, el humanismo, el pensamiento de la nueva era, las religiones orientales y la psicología moderna llenan hoy el pensamiento de muchos que están buscando la verdad en los lugares donde no está. Salomón, uno de los hombres más sabios que han existido, nos indica que busquemos la sabiduría como buscaríamos el oro y la plata (Proverbios 8). Las Escrituras enseñan: "Y si alguno de vosotros tiene falta de sabiduría, pídala a Dios, el cual da a todos abundantemente y sin reproche, y le será dada" (Santiago 1:5). La universidad de la sabiduría divina nunca se cierra; siempre les ofrece estudios a los que estén dispuestos a acudir a ella. Las respuestas alternas no van a acallar el clamor desesperado que brota de cada vida. Las verdaderas respuestas a los interrogantes de la vida nos llegan por medio de la revelación del Espíritu Santo, que exige la aceptación del sacrificio de la sangre de Jesús como la única forma de obtener la redención del pecado.

Un hombre sumamente destructor que vive en la presencia del rey para influir en él es Admata. Su nombre significa *sin freno* o *sin disciplina.* Hoy vemos esta influencia sobre nuestra sociedad en general. Sin disciplina, los seres humanos se convierten en su propia ley, quieren ir por sus propios caminos, y éstos terminan llevándolos a la anarquía. Los humanistas seculares de hoy exhortan a los padres a que no disciplinen a sus hijos como la Biblia les enseña que hagan. Sin disciplina no puede haber discípulos. La palabra "discípulo" significa *alguien disciplinado, cuya vida es gobernada por la disciplina.* Es discípulo de Cristo aquél que ha hallado la verdad viviente en la Persona de Jesús y lo sigue, obedeciendo su ley de amor. Si es este "Sin-freno" quien nos dicta nuestras decisiones, lo que podemos esperar es la auto-destrucción, y bien pronto.

Hay un hombre sabio muy prudente, al cual le ha dado empleo el rey, y que se llama Tarsis. Su nombre significa *va a causar pobreza* o *va a hacer añicos*. Está constantemente preocupado por el costo de nuestras decisiones, afirmando que con gran facilidad nos pueden llevar a la pobreza y hacer añicos nuestras relaciones y nuestros sueños. Ese consejero no habría podido entender estas palabras de Jesús: "Bienaventurados los pobres en espíritu, porque de ellos es el reino de los cielos" (Mateo 5:3). Su consejo iría en contra del anhelo por seguir a Jesús, porque en su opinión, el costo de una decisión así sería demasiado grande para pensar siquiera en él.

El sabio llamado Meres ejerce sobre el rey una influencia aparentemente menos dañina. Su nombre significa *digno*, en el sentido de *mereces más honor*. Tal vez la sutileza de éste sea precisamente su mayor fortaleza. ¿Quién no ha escuchado la voz de este sabio dentro de sí, diciéndole que en realidad, la gente no nos valora? Es posible que en secreto estemos pensando: "Si supieran quién yo soy, me reconocerían como me merezco y me darían unos privilegios y una autoridad mayores". Cuando quienes nos rodean concuerdan con ese sentimiento que llevamos dentro, el potencial para la vanidad y el orgullo se multiplica. Este consejo siempre causa la impía actitud del descontento. Sin embargo, las Escrituras enseñan: "Gran ganancia es la piedad acompañada de contentamiento" (1 Timoteo 6:6). Si seguimos los consejos de Meres no vamos a tener ganancias en nuestra vida, sino pérdidas.

Marsena es un sabio que es peligroso tenerlo dentro de la corte del rey, porque su nombre significa *amargo* o *canceroso*. Es un consejero crítico y amigo de censurar, que ve en toda situación lo negativo y declara que tenemos derecho a sentirnos amargados. Nos tienta sobre todo cuando en nuestra vida han surgido unas dificultades penosas para las cuales no tenemos respuesta. La amargura no puede resolver ninguna situación, pero sí le puede causar mucho sufrimiento al que cede ante su influencia. El último sabio, que parece más condescendiente que algunos, se llama Memucán, que significa *la pobreza de ellos*. Éste es el que pregunta: "¿Qué les van a costar a los demás tus decisiones?" Toda persona capaz de amar está dispuesta a escuchar una voz como ésta. Es cierto que nuestra vida afecta a nuestros seres amados y a las personas con las que nos relacionamos. Con todo, no debemos permitir que esta voz influya sobre nosotros en cuanto a nuestra decisión de obedecer a Dios.

Sin duda, estos sabios influían sobre muchas de las decisiones del rey. De hecho, parecen haberlo ayudado a tomar la decisión correcta en cuanto a apartar de sí a la reina Vasti. Su situación se había vuelto tan negativa, que estaba dispuesto a hacer un cambio radical en su vida. Sin embargo, fue Mardoqueo el responsable de que Ester se presentara ante el rey. Es frecuente que el Espíritu Santo aproveche las crisis para ayudar a un alma sin regenerar a fin de que se decida a recibir la vida eterna. Así como Mardoqueo estaba sentado a las puertas del palacio real, de igual manera el Espíritu Santo vela en busca de una oportunidad para ofrecerle a un alma aquello que realmente la va a satisfacer y le va a dar paz. El Espíritu Santo no va a pasar por encima de la voluntad del rey, pero sí le va a presentar la belleza de la vida redimida, tal como se veía en Ester, y le va a permitir que escoja a la más bella de todas.

El nombre de Ester significa *renovación* o *luz*. En sentido alegórico, representa el espíritu redimido del hombre. El nombre de Mardoqueo, quien es tipo del Espíritu Santo, significa *Dios ilumina*. Cada vez que hay una Ester que debe ser llevada ante el trono, y un Mardoqueo que conoce los secretos del reino, vamos a tener que enfrentarnos con los chambelanes y los sabios del rey. Éstos son sabios en los caminos de este mundo, pero no conocen nada sobre el mundo de Dios. ¿Se le parecen a alguien que va por su casa? Lo persuaden para que escuche su consejo. Y éste es el consejo: "Decide bien si vas a seguir al Cordero"; "Será mejor que tengas en cuenta el precio"; "¿Acaso no tienes tus derechos?"; "Eres libre para escoger por ti mismo"; "Nosotros no creemos en el discipulado y la consagración"; "Si me sigues a mí, te voy a llevar al triunfo".

En nuestro estado sin regenerar, podemos estar agradecidos por las crisis que nos llevan a una decisión radical que consiste en alejar de nosotros a Vasti. Su nombre significa "¿Por qué te fuiste?", o "¿Por qué estás de fiesta?" Revela la rebelión y la independencia del espíritu humano, que desafía hasta la relación más sagrada de todas. Gracias al lamentable estado que creó aquella mujer rebelde, el rey recibió la oportunidad de hacer que llevaran a Ester a su lado. En su fidelidad, el Espíritu Santo está dispuesto a hacer lo mismo por toda alma sin regenerar que llegue a este momento de decisión, reemplazando a los consejeros inicuos con su sabiduría, que le da vida a todo el que la recibe.

La Iglesia ha sido tentada a seguir a muchos de los consejeros mundanos que hemos descrito. Pablo oró diciendo: "El mismo Dios de paz os santifique por completo; y todo vuestro ser, espíritu, alma y cuerpo, sea guardado irreprensible para la venida de nuestro Señor Jesucristo" (1 Tesalonicenses 5:23). La experiencia del nuevo nacimiento hace posible este proceso purificador. Entonces, el Espíritu Santo comienza su obra santificadora, limpiando nuestra mente y nuestras emociones, y capacitándonos para tomar decisiones que estén de acuerdo con la voluntad de Dios. El Reino de justicia, paz y gozo en el Espíritu Santo está a nuestra disposición, pero tenemos que tomar la decisión de permitir que Él realice su obra transformadora y purificadora a fin de preparar nuestro corazón para que entremos a la presencia del Rey.

La Iglesia está aprendiendo lo que significa entrar en la presencia del Rey. Sólo entramos a su presencia a través de la verdadera adoración, que exige separación del mundo. Debemos estar dispuestos a negarnos a nosotros mismos y permitir que el quebrantamiento forme parte de nuestra vida. Ester permitió que la prepararan para entrar a la presencia del rey. También nosotros debemos permitir que los dolorosos procesos que llegan a nuestra vida nos preparen el corazón para entrar a la presencia del Rey.

4

La preparación de Ester

La Iglesia en las pruebas

Cuando el rey Asuero decidió buscar entre las vírgenes de sus dominios una reina que reemplazara a la rebelde Vasti, Ester se hallaba entre las hermosas doncellas que fueron llevadas a la casa donde las prepararían. La selección de una nueva reina no era nada sencillo. Había procedimientos establecidos que se debían seguir.

Las doncellas fueron puestas bajo la custodia de Hegai, el eunuco del rey que estaba encargado de las mujeres. Éste les dio las cosas que necesitaban para purificarse, proceso obligatorio antes de que pudieran entrar en la presencia del rey. El nombre de Hegai significa *meditación*. Aquellas jóvenes pasaban mucho tiempo solas, separadas de su hogar y de sus amistades, durante el período de preparación. Ester debe haber tenido tiempo para pensar en su familia durante esos día de meditación.

Ester había quedado huérfana de niña. Cuando murieron sus padres, Mardoqueo, que era pariente cercano suyo, había decidido adoptarla como hija y hacerse responsable de su bienestar. La relación entre Ester y Mardoqueo en su condición de hija adoptiva desempeñó un papel vital en el desarrollo de su personalidad, convirtiéndose en una hermosa joven. En realidad, su preparación para entrar en la presencia del rey comenzó muchos años antes de que fuera llevada a la casa de Hegai. Había aprendido a amar a Mardoqueo, confiar en él y cumplir sus instrucciones al pie de la letra. Su obediencia a él fue la que terminó decidiendo su destino y el de su pueblo en el conflicto final de esta historia.

El cuidado tan vigilante y delicado que tuvo Mardoqueo con Ester es un paralelo de la relación que tiene el Espíritu Santo con nosotros. Dios le dio a su Espíritu Santo la tarea de llevarnos a la presencia de nuestro Rey celestial. Mardoqueo se sentaba en las puertas de palacio y velaba por Ester a diario. Así se sienta también el Espíritu Santo a nuestra puerta y mantiene su protectora vigilancia sobre nuestra vida. Tenemos quince puertas por medio de las cuales reaccionamos ante la vida. Nos referimos a nuestros cinco sentidos: el tacto, el gusto, el olfato, el oído y la vista. Los mismos cinco sentidos que se relacionan con nuestro cuerpo se relacionan también con nuestra alma y nuestro espíritu. O sea, que nuestro ser tripartito tiene quince puertas sobre las cuales se puede influir para el bien o para el mal.

Nuestra obediencia al Espíritu Santo tiene unas consecuencias mayores de las que pensamos algunas veces. La obediencia no es algo que hacemos en un momento y en otro no lo hacemos, sino que es una actitud y una consagración; la entrega total de una vida entera. Nunca nos graduaremos de la escuela de la obediencia; ésta se convierte en un estilo de vida. Ester había aprendido una manera de vivir a base de escuchar y obedecer a Mardoqueo. Por medio de su obediencia, estaba aprendiendo a caminar por sus caminos como preparación para vivir y reinar con el rey. Aun después de convertirse en reina, Ester estaba consciente de los cambios de humor de Mardoqueo y seguía sus instrucciones, como lo revelarán los sucesos posteriores de esta historia.

Aunque Ester se hallaba ahora bajo la custodia de otros, Mardoqueo no dejó de vigilar sobre su vida. Le interesaban el bienestar y la paz mental de Ester. Cada día caminaba delante del patio del harén para saber cómo le iba en medio de los rigores de su preparación para entrar a la presencia del rey. Su vigilancia debe haber fortalecido la decisión de Ester de ceder ante los largos y exigentes procesos que se pedían de ella durante aquel tiempo.

El Espíritu Santo es la paloma de la paz. Desea nuestra paz y nuestro bien, tal como Mardoqueo anhelaba los de Ester. Obedecer al Espíritu Santo es algo que trae paz al corazón. En toda la tierra no hay más lugar donde hallar la paz perfecta, que en la voluntad perfecta de Dios. Nuestra sumisión a su voluntad nos trae una paz total. No comprendo por qué la gente se siente perturbada cuando está donde Dios quiere que esté. La voluntad de Dios es el "dulce hogar", un lugar de paz y de felicidad. Tal vez derramemos algunas lágrimas por la forma en que Dios actúa en nuestra vida, pero habrá paz en nuestro espíritu. La Palabra de Dios declara: "Tú guardarás en completa paz a aquel cuyo pensamiento en ti persevera..." (Isaías 26:3).

El factor tiempo

Vimos anteriormente cómo Dios usa el tiempo para cumplir sus propósitos eternos. Ester descubrió esta verdad al verla aplicada a su preparación personal para entrar a la presencia del rey. Aunque era un honor el que fuera escogida para ser presentada al rey, ese hecho no hacía más fácil el período de preparación necesario para alcanzar ese honor. Durante doce meses, las vírgenes tenían que estar aisladas de familia y amigos, y de todo cuanto les era familiar. Sólo nos podemos imaginar la soledad de Ester durante este tiempo, asistida por manos de extraños. Esta casa de meditación que se exigía para la preparación de las jóvenes les daba mucha oportunidad de pensar en la vida. La palabra hebrea que traducimos como "meditación" lleva la connotación de rumiar, lo cual significa *examinarlo en la mente repetidas veces*. Es la misma palabra que usamos para hablar de la vaca que mastica pacíficamente lo que ha ingerido antes. Significa *volver a masticar lo que ya ha sido ligeramente masticado*. También significa *dedicarse a la contemplación*.

El factor tiempo que involucra separación y soledad forma parte del proceso de preparación de Dios en nuestra vida. Los propósitos especiales de Dios exigen tiempos especiales de preparación. ¿Quién ha escapado de la inevitable soledad cuando Dios lo ha convocado a entrar en su presencia? Aunque no estemos físicamente solos, podemos sentir una intensa soledad, debido a la falta de comprensión por parte de gente que amamos, y de la que esperaríamos recibir consuelo.

Hace falta tiempo de soledad en oración para cultivar una relación con Dios. Escudriñar las Escrituras y meditar en ellas son cosas que exigen mucho tiempo, durante el cual adquirimos una perspectiva más real sobre Dios y nos familiarizamos con su corazón. Somos transformados mientras lo contemplamos en su Palabra. Con demasiada frecuencia, tenemos prisa; decidimos que no volveremos a orar, porque oramos una vez y no "sucedió" nada. Le debemos dar tiempo a Dios para que nos prepare el corazón antes de llevarnos a su presencia. Si nos rebelamos contra este factor tiempo, sólo lograremos alargar el proceso de preparación, o tal vez incluso frustraremos su propósito.

El que Ester haya estado dispuesta a someterse a un largo período de preparación, revela la fortaleza de la relación que tenía con Mardoqueo. Había aprendido a escucharlo y seguir sus indicaciones en su hogar, lo cual la preparó para su destino como reina. Este adiestramiento la ayudó a ser obediente en toda la preparación que la casa de Hegai exigía de ella. La vida de obediencia llevada por Ester fue la clave que la llevó a la preparación. Su carácter, formado a lo largo de años de disciplina, se reveló en su obediencia del momento.

La Iglesia no está exenta del factor tiempo de Dios. Él siempre obra según el "cumplimiento del tiempo" (Gálatas 4:4). El Espíritu Santo obra en la Iglesia para formar el carácter de Dios en nosotros, que será revelado por medio de nuestra obediencia. Debemos aceptar las cinco leyes de la semilla que muere para convertirnos en los cristianos portadores de fruto que Dios quiere que seamos (Juan 12:24). Una de esas leyes tiene que ver con el factor tiempo, necesario para que muera la semilla.[1]

La semilla pasa por dificultades desde el mismo momento en que cae al suelo, hasta que produce sus primeros frutos. Se enfrenta a una soledad extrema. Si pudiéramos oír su voz clamando desde debajo de la tierra, oiríamos aquel grano preguntando por qué está allí abajo. No se ve ni la luz del sol cuando se está bajo tierra, agonizando. Surge desde nuestro corazón un lastimero clamor. "¿Por qué esta oscuridad, y esta soledad, y esta desdicha que siento?"

Debemos experimentar estas cosas para poder soltar el lóbulo exterior y perder la cáscara. El lóbulo viejo se debe podrir para que pueda brotar la vida nueva. Nuestra vida carnal debe morir para que la vida del espíritu pueda dar fruto. (Aun así, la cáscara de nuestra vida carnal se vuelve útil como fertilizante para alimentar el crecimiento de esa vida nueva). La vida que brota del suelo es diferente a la que fue sembrada en él. La vida de la semilla germina y brota una vida nueva.

Debemos estar dispuestos a perder nuestra

identidad bajo el suelo. Cuando brote la nueva vida en Cristo de nuestra antigua cáscara, la gente ya no nos verá a nosotros. Hablará del Rey. Todo lo que conocemos es la tierra que nos rodea y el olor de muerte que hay sobre nosotros. Pero si esperamos los inevitables resultados que se producen cuando cedemos ante el factor tiempo, aparecerá una vida nueva que brotará de nuestra muerte.

EL ACEITE DE MIRRA

Después de haber aceptado el factor tiempo que se exigía de ella, Ester se encontró con otras condiciones que producirían cambios en su vida. Durante los primeros seis meses de su período de preparación, el ingrediente usado en su purificación era la mirra. Ésta es un extracto aceitoso obtenido de un arbusto, y se usaba como ungüento sanador en aquellos tiempos. Era fragante, pero cuando se la endurecía convirtiéndola en granos, tenía un gusto muy amargo. En hebreo, la palabra que traducimos "mirra" significa *destilar en gotas*. Esto nos da la imagen de un aceite de mirra que va goteando automáticamente, según se va necesitando. Nos sugiere las pruebas, el quebrantamiento y los momentos de llanto durante los cuales necesitamos que se nos aplique a nuestra vida el aceite de mirra.

Como cosmético principal utilizado en la casa de preparación, el aceite de mirra representa la gracia para el trato de Dios con nuestra vida. Los quebrantamientos que han producido lágrimas nos dan hermosura. Para esos momentos difíciles de nuestra vida hay gracia, más gracia y gran cantidad de gracia que se nos dará a medida que la pidamos. Somos hermoseados, no por nuestras obras de justicia, sino por su gracia. Dios nos quiere dar un testimonio de su gran gracia, que abunda en nuestra vida.

El sufrimiento que llega a nuestra vida puede ser causado por el dolor físico o por la angustia emocional o espiritual. Puede proceder de personas o de situaciones en las que nos encontremos. Cuando nos sometemos a nuestro proceso personal de purificación, Dios comienza a derramar sobre nuestro espíritu un bálsamo de Galaad. Cuando las amargas experiencias del sufrimiento entran en nuestra vida, y permitimos que se nos aplique la mirra, salimos de la situación con un corazón contrito y humillado. Mientras más contrito y humillado esté nuestro espíritu, más mirra derramará Dios sobre nosotros.

Las Escrituras enseñan que Dios no despreciará un corazón contrito y humillado (Salmo 51:17). Cuando Dios miró a la tierra desde los cielos y preguntó si podría hallar aquí un hogar, el profeta respondió: "¿Qué clase de hogar quieres?" Dios le respondió que quería habitar con los quebrantados y humildes de espíritu (Isaías 57:15). ¿Qué es un espíritu quebrantado y humilde? ¿Qué queremos decir cuando hablamos de *quebrantar?* El Espíritu Santo me enseñó que significa rendir nuestra voluntad, estilos, palabras, caminar, guerra y adoración. Cuando rendimos estos aspectos de nuestra vida, recibimos vida a cambio. Estos aspectos de nuestra vida no son simplemente dominados por la voluntad de Dios. Es necesario que sean pulverizados; que pierdan toda su fuerza, lo cual constituye la definición verdadera de la contrición. El intercambio de nuestra propia vida por la vida de Cristo no es una simple transacción llevada a cabo por asentimiento del intelecto. Es algo que exige que muramos a nuestra vida propia. Esa muerte, la pérdida de lo carnal a cambio de lo espiritual, causa sufrimiento. El aroma del aceite de mirra que asciende hasta el trono es símbolo de una vida quebrantada y contrita. Ester experimentó la fragancia y el aroma de una gran gracia mientras se sometía a su proceso de purificación.

Una noche, tuve el placer de oler la mirra en el ámbito espiritual. (Después de esto, he podido oler también su fragancia física). Después de un culto en Highpoint, Carolina del Norte, me senté en la primera fila de asientos de la iglesia. No quería desperdiciar la unción que flotaba en aquel lugar. Aquella noche, mientras disfrutaba de la presencia de Dios, mi espíritu ascendió y no estaba consciente de que hubiera nadie más en aquel lugar. Oí pasos y supe que alguien caminaba por el salón. Sabía que era Jesús, aunque no había visto su rostro.

Aquella noche había predicado acerca de la cruz y la exigencia que hace el Evangelio de que muramos a nosotros mismos. La gente había respondido dispuesta a dejarse quebrantar; estaban dispuestos a que la mirra se convirtiera en parte de su vida. Ahora, al sentir los pasos de Jesús, comencé a oler un aroma sumamente delicioso; era la fragancia de la mirra. Él se me reveló como el Cristo quebrantado sobre el cual yo había predicado aquella noche, en su amor herido, el amor del Calvario.

Cuando comencé a oler aquella suave fragancia, me eché a llorar. Le dije: "Eso es mirra". Él me contestó: "Sí, ésa es la fragancia de mi presencia. Ésa es la fragancia que quiero que tú uses. Es la fragancia que les pertenece a los ungidos. No vendrá hasta que Dios no pueda obrar en tu vida; hasta que venga el quebrantamiento y las lágrimas se conviertan en parte de tu vida." Cuando afinamos el oído para escuchar su voz y anhelamos agradarle por encima de todo; cuando centramos la mirada en el Espíritu Santo y le obedecemos, recibimos su unción. Dios va a actuar en nuestra vida para quebrantar el orgullo de nuestra vida propia. Derramará la gracia sobre nosotros. Cuando nos presentemos ante la gente con un espíritu quebrantado y dócil, esa unción va a brotar de nuestro quebrantamiento para producir vida.

El tratamiento con el aceite de mirra exigía obediencia, soledad y sumisión al factor tiempo. Todas estas cosas formaban parte de la preparación necesaria para entrar a la presencia del rey. Algunas veces, nos resistimos a la actuación de Dios en nuestra vida. Pero es esa actuación la que nos quebranta, y la mirra derramada sobre esas heridas es la que nos da hermosura. Los quebrantamientos hacen brotar el aroma de la gracia en nuestra vida. Si sólo estamos ligeramente quebrantados, la gracia va a fluir en cantidades limitadas. En nuestra vida debe haber una gran cantidad de quebrantamientos; tenemos que ser despojados de nosotros mismos en muchas ocasiones en las que Dios nos humilla en su presencia y derrama su gracia sobre nosotros. Cada vez que reaccionamos ante nuestros sufrimientos con una contrición mayor, Él crea una belleza mayor dentro de nosotros. La *contrición* es una sumisión total y sin protestas a la voluntad de Dios. Exige que la naturaleza de pecado sea aplastada en nosotros hasta que se parezca al fino polvo del talco para niños, indicando que estamos realmente contritos.

PERFUMES AROMÁTICOS

Durante los segundos seis meses, el proceso de purificación de Ester comprendía la aplicación de perfumes aromáticos y cosméticos de mujer. Los perfumes aromáticos representaban su consagración a la voluntad de Dios. En la vida consagrada hay una belleza que inspira la admiración de los demás. La vida sometida al proceso de purificación sin murmuración ni quejas tiene una belleza que es sobrenatural. Sólo podemos recibir esa belleza por medio de la obediencia al Espíritu Santo.

Jesús manifestó el ejemplo máximo de obediencia sumisa en su relación con su Padre celestial. Lleno del Espíritu, nunca hizo nada que no hubiera visto hacer al Padre. Pasó noches enteras a solas con su Padre, siempre decidido a agradarle y a cumplir su voluntad. Experimentó el amoroso cuidado del Padre, consagrado por completo a su voluntad.

La Iglesia no puede conocer la visitación de Dios sin someterse a las actuaciones divinas que tienen por consecuencia el quebrantamiento. Mientras no tengamos la fragancia de la mirra, ni sean aplicadas a nuestra vida los perfumes aromáticos de la consagración, no podremos ser un lugar de habitación para Dios. A Ester y a las demás jóvenes se les exigió estarse preparando durante un año antes de comparecer ante el rey. Yo no sé cuánto dura un año ante los ojos de Dios con respecto a nuestro tiempo de preparación. Tal vez el tiempo de preparación dependa de lo bien que escuchemos sus órdenes y obedezcamos sus decretos. La senda que Dios escoja para nosotros será escogida según nuestra sumisión a las experiencias de quebrantamiento que hayan llegado a nuestra vida por decisión divina. Si no hemos estado dispuestos a soportar la actuación de Dios en nuestra vida, no se nos abrirá la puerta para hacernos entrar a la presencia del Rey.

Cuando hablo de entrar a la presencia del Rey, no me estoy refiriendo simplemente a disfrutar de un tiempo de adoración. Creo que se acerca el tiempo en el cual el cuerpo de Cristo va a entrar a la presencia del Rey y conocerlo como nunca antes lo hemos conocido. Los que hayan tenido hambre de Dios y se hayan sometido a sus procesos de purificación van a entrar en una relación con Él que va a satisfacer por completo su corazón. Aunque no tengo intención alguna de restarle importancia a la maravillosa revelación que ya hemos tenido de Dios, creo que el próximo mover de Dios va a traer a la Iglesia una revelación del Padre que aún no hemos conocido. Va a ser una revelación de Dios mucho mayor para aquéllos que estén dispuestos a llevar la fragancia de la mirra.

David nos presenta una hermosa imagen del

desposado que llega con sus vestiduras olorosas a mirra, áloe y casia (Salmo 45:80. En ese mismo pasaje, describe a la hija del rey, que es toda gloriosa en su interior (v. 13). Esa belleza interior es producida por Dios por medio de los procesos de purificación dispuestos por Él para librarnos de nuestra vida propia y nuestros caminos de pecado. Sus ropas son de oro bordado y su vestido de brocado fino. Como hemos visto, el oro representa en las Escrituras el carácter de Dios. El brocado fino se refiere a las intrincadas actuaciones de Dios en una vida para crear en ella la belleza que Él anhela. Las agujas duelen cuando perforan, pero si huimos de los dolorosos procesos de Dios, no tendremos su belleza en nuestra vida. Entonces, no podremos entrar a su presencia en el momento señalado por Él.

En sentido profético, la preparación de Ester se relaciona con la actuación de Dios en su Iglesia hoy, tanto individual como corporativamente. Los que estén dispuestos a seguir al Espíritu Santo, nuestro Mardoqueo divino, y someterse a los procesos de purificación en la casa de preparación, van a convertirse en parte del plan de Dios para escogerle una esposa a su Hijo. Esa relación amorosa está esperando para aquéllos que estén preparados para ella. La obediencia sigue siendo el requisito previo clave para entrar en esta gloriosa relación con nuestro Rey y convertirnos en parte de la respuesta para la liberación del pueblo de Dios.

NOTAS

1. Se puede adquirir en cinta de audio el mensaje de la Dra. Pickett llamado "The Laws of the Dying Seed" ("Las leyes de la semilla que muere"), al precio de $6.00 por ejemplar, con correo pagado, escribiendo al Ministerio de la Dra. Fuchsia Pickett, 394 Glory Road, Bountville, TN 37617.

5

El reinado de Ester

La Iglesia en las dificultades

Cuando le llegó a Ester el momento de comparecer ante la presencia del rey, no necesitó llevar nada consigo. Era costumbre que se les permitiera a las jóvenes que llevaran cuanto quisieran al comparecer ante el rey para resaltar su atractivo con él. Pensaban que mientras más exóticos fueran los regalos que llevaran, más las estimaría el rey. Estaban seguras de que su atracción por ellas aumentaría gracias a algún perfume elaborado, o algún otro objeto sensual. Sin embargo, Ester decidió entrar a su presencia llevando sólo lo que le aconsejara Hegai. No pidió nada que la ayudara a ganarse el favor del rey.

El tiempo de preparación había obrado belleza y

gracia en ella. Dios no nos pide caprichosamente que soportemos un período de espera, sólo para atormentarnos. Sus tiempos forman parte del proceso de preparación que hace en nosotros una obra de gracia. Ester obtuvo el favor de todos los que la miraban, sencillamente por la belleza de su persona. De igual forma, no son nuestro talento, procedencia, herencia, iglesia o bondad propias, ni nuestros conocimientos bíblicos los que nos consiguen el favor de nuestro Rey. Los logros y las obras no son artículos que lo atraigan. Si permitimos que se produzca la preparación que Él quiere para nuestra vida, se creará en nosotros una belleza que va a satisfacer su corazón de manera suprema cuando nos mire. Entonces, nos inclinaremos a sus pies y le diremos, siguiendo las palabras del viejo himno: "Nada en mi mano traigo; sólo me aferro a la cruz".

Fue, pues, Ester llevada al rey Asuero a su casa real en el mes décimo, que es el mes de Tebet, en el año séptimo de su reinado. Y el rey amó a Ester más que a todas las otras mujeres, y halló ella gracia y benevolencia delante de él más que todas las demás vírgenes; y puso la corona real en su cabeza, y la hizo reina en lugar de Vasti. Ester 2:16-17.

Al final del período de preparación de Ester, el rey la escogió para que se convirtiera en la nueva reina, por ejercicio de su voluntad real. Siguiendo la alegoría del hombre tripartito, el hecho de que el rey escogiera a Ester es paralelo a la experiencia de nacer de nuevo. El Espíritu Santo aprovechó el dilema que había en el alma del rey para darle la oportunidad de alejar de sí el rebelde espíritu de Vasti e invitar a Ester a que ocupara su lugar. Ester, el espíritu redimido, tomó su lugar en este reino, dándole al Espíritu Santo mayor acceso al alma.

La meta del Espíritu Santo consiste en redimir a este "poderoso", desarmando el poder de la carne y gobernando todo el reino con justicia. Para que esto suceda, va a haber más conflictos, no menos, durante el reinado de la encantadora reina Ester. Su acceso al trono no es el final de los problemas del reino. Sólo pone al descubierto una fuente de conflicto.

Poco tiempo después de que Ester comenzara a reinar, el rey ascendió a Amán por encima de todos los demás príncipes, y ordenó que todos se inclinaran ante él y le rindieran homenaje. El rey y Amán se entendieron bien mientras cooperaban para satisfacer sus anhelos de dominio. Caminaban en común acuerdo para cumplir los planes y los deseos de la voluntad, la mente y las emociones del reino del hombre. Su necesidad de preeminencia y de honra caracterizaba sus acciones y motivaba todos sus pensamientos. Todo el que no reconociera de la forma debida el señorío de este rey y este noble, que representan de manera tan dramática a nuestra alma y nuestra carne, tendría que pagar las consecuencias de su ira.

Amán anhela tomar la preeminencia y gobernar junto al rey. Las Escrituras nos enseñan que el deseo de la carne es contra el espíritu, y el del espíritu es contra la carne (pelea contra ella; Gálatas 5:17). Se trata de un conflicto muy real que tiene por consecuencia la muerte de uno de los adversarios. El espíritu y la carne no pueden coexistir. Debemos decidirnos a matar a uno de los dos; de lo contrario, el otro morirá con toda seguridad. O sea, que escoger a Ester es el primer paso importante hacia la santificación del hombre entero. Cuando nacemos de nuevo quedamos bajo la influencia del Espíritu Santo, quien nunca se inclinará ante la carne, tal como Mardoqueo se negó a inclinarse ante Amán.

La Iglesia sufre el mismo conflicto mortal que brama en el interior de todo cristiano nacido de nuevo: la batalla entre el espíritu y la carne. La Iglesia no se debe inclinar ante los deseos de Amán; con todo, si no se inclina, puede estar segura de que va a tener verdaderos problemas. Nuestros grandes enemigos son el mundo, la carne y el diablo. La Biblia nos enseña que nos pongamos toda la armadura de Dios, para poder pelear en esta guerra cuya intención es destruir los propósitos que Dios tiene para su Iglesia. El enemigo no puede vencer, porque Dios ha decidido que va a tener una Iglesia gloriosa (Efesios 5:27). Nosotros somos los que debemos decidir que vamos a formar parte de esa Iglesia. Esa decisión nos va a exigir que entremos en guerra contra nuestros enemigos, de manera que nos convirtamos en bajas dentro de este conflicto tan real.

Si miramos más de cerca a Amán, vamos a adquirir valiosos conocimientos que nos ayudarán a comprender la naturaleza de este conflicto. El rey le dio una autoridad superior a la de todos los príncipes, y ordenó que todos se inclinaran ante él cuando estuvieran en su presencia (Ester 3:1-2). Amán, tal como hemos visto, representa al hombre natural, la vida propia, la naturaleza de Adán. El nombre de *Amán* significa *tumulto* o *arrasador*. Su naturaleza es exigente y ambiciosa, y crea conflictos cada vez que no se tienen en cuenta sus deseos. Cuando el rey, quien representa a nuestra alma, nació de nuevo, recibiendo en Ester un nuevo espíritu, esa vida nueva no afectó a Amán. El yo no cambia con la salvación. Al contrario; el carácter autoritario de Amán hizo que el rey lo ascendiera después de que Ester se convirtiera en reina. El yo es el peor enemigo que tiene el hombre redimido. El diablo busca siempre la forma de hacer que el creyente sea egocéntrico. Si puede mantenerlo en esta situación, habrá logrado separarlo del poder de Dios. La vida de Cristo dentro de nosotros es la que constituye el poder de Dios, y estar centrado en Cristo es la antítesis de estar centrado en sí mismo.

Las Escrituras hablan claro con respecto a los antepasados de Amán. Era amalecita, descendiente de Esaú. Éste, el padre de los amalecitas, tuvo en poco su primogenitura y se la vendió insensatamente a su hermano Jacob. Amán era amalecita y vivía en Shushán, el lugar que anteriormente había sido el territorio del reino amalecita. Esaú se convirtió de nuevo en el adversario del pueblo de Dios, en un intento de Satanás por recuperar el territorio que había perdido.

Cuando Dios le ordenó a Saúl que matara a Agag, el jefe de los amalecitas, junto con todos los demás, Saúl desobedeció y retuvo lo "mejor" de los despojos, y también a Agag, su caudillo. Debido a su desobediencia, no sólo perdió su reino, sino que fue un amalecita el que lo mató (2 Samuel 1:13). ¿Con cuánta frecuencia pensamos en esas cosas "buenas" de nuestra carne que Dios ha ordenado que deben morir? Pablo escribió: "En mí, esto es, en mi carne, no mora el bien" (Romanos 7:18). Debemos llevar nuestra vida propia a la cruz, donde pierde su poder para militar contra los propósitos de Dios. Cuando el poder del Espíritu Santo esté obrando en nosotros, nos negaremos a inclinarnos ante nuestra naturaleza carnal.

"Pero Mardoqueo ni se arrodillaba ni se humillaba [ante Amán]" (Ester 3:2b). Este hombre de Dios no quiso obedecer el decreto real de honrar a Amán. El Espíritu Santo se niega a inclinarse ante alguien que no sea Dios, o a darle preeminencia. Mardoqueo no se inclinó ante Amán porque, siendo judío, no le podía rendir homenaje a nadie, más que a Dios. Los judíos no se inclinaban ante ningún otro rey más que Jehová. Ésa fue la razón de que el rey de Babilonia tirara al horno de fuego a los tres jóvenes hebreos. Éstos se habían negado a inclinarse para adorar a una imagen pagana. No les importaba que los decapitaran o que los quemaran: un judío no se inclinaba jamás ante un dios extranjero. Cada vez que un rey trataba de convertirse en dictador sobre el bienestar espiritual de un judío, el hebreo se negaba a inclinarse ante esa autoridad.

O sea, que cada vez que Amán atravesaba las puertas del palacio, Mardoqueo lo humillaba al negarse a honrarlo como el propio rey había ordenado. El Espíritu Santo se sienta a nuestra puerta, tal como lo hacía Mardoqueo, haciendo que nos tengamos que encontrar con Él cada vez que salimos o entramos de nuestro palacio. Si queremos que sean nuestros apetitos carnales los que gobiernen nuestra vida, despreciaremos a Mardoqueo, que se nos enfrenta con su falta de lealtad al señorío de nuestra carne. Amán se puso furioso con Mardoqueo, y decidió que iba a matar, no sólo a aquel hombre, sino a toda la raza que él representaba. No cometamos la insensatez de ignorar el poder de la vida carnal para cumplir sus propósitos de destruir todo cuanto sea espiritual. Mientras no hayamos derrotado a Amán éste se hallará de pie junto al trono en autoridad, y será el propio rey el que le dará una libertad completa para llevar a cabo sus destructivos propósitos.

El hecho de que Mardoqueo se negara a inclinarse ante Amán lo enfureció tanto, que las Escrituras nos dicen que le pareció poco la idea de librarse sólo de él. Su ira sólo quedaría apaciguada si podía aniquilar a todos los judíos. Así fue como se presentó ante el rey, quien había puesto su confianza en él, y le dijo que había un pueblo que vivía en su reino y cuyas costumbres eran diferentes: No se inclinaban ante el rey. Observe la estrategia de Amán. Sabía que si le decía al rey que no le caía bien Mardoqueo, aquello no habría impresionado al monarca. En cambio, lo que hizo fue persuadirlo de que se trataba de un grupo de gente que no obedecía las leyes de los medos y de los persas. Le fue fácil convencer al rey de que no le convenía tolerar a este pueblo, y el rey le dio permiso para destruirlo. Amán se ofreció incluso a pagar por la destrucción de los judíos como manera de demostrarle al rey su lealtad, pero el rey rechazó su dinero. Le dio el anillo con su sello para ayudarlo a llevar a cabo su plan.

Es fácil escuchar cómo razona nuestra mente carnal con el rey en esta situación. "Rey, tú te mereces que te den honra; no te mereces que haya nadie en tu reino que no se incline ante ti". Es fácil convencer al rey de lo importante que él es como gobernante de sus vastos dominios. Amán representa los apetitos carnales que llevamos dentro y que rivalizan con Mardoqueo en cuanto al dominio de nuestro reino. Nuestra casa no le pertenece a Amán, ni tampoco al rey malvado. Les pertenece al Rey de reyes y a Mardoqueo. Dios quiere que nos inclinemos ante los pies de Jesús y lo amemos con todo el corazón, la mente, el alma, el cuerpo y las fuerzas. Somos hechos para Jesús, el Amador de nuestras almas. Cuando tomamos la decisión de permitir que sea nuestra carne la que gobierne, esto manifiesta nuestra rebelión, porque amamos más a nuestra carne que al verdadero Amador de nuestra alma. La rebelión consiste en sostener una aventura amorosa con un amante extraño que no debe estar en el lugar que Dios hizo para nuestro corazón. Dios declaró en las Escrituras que Amalec no sería exaltado, y éste fue una de las primeras naciones que fueron destruidas (Números 24). Si no obedecemos a Dios en cuanto a destruir las obras de la carne, podemos estar seguros de que nuestra relación con Él va a quedar destruida.

Amán no acusó directamente a Mardoqueo. Se limitó a acusar a un pueblo que era distinto y, según él, desleal al rey. Hoy en día no son muchos los que están dispuestos a hablar contra el Espíritu Santo. Al contrario; confiesan que es la Tercera Persona de la Trinidad. Pero cuando Él se mueve de una manera que es contraria a la forma en que ellos han hecho siempre las cosas, se quejan y deciden no cambiar la forma en que han adorado durante tantos años. De esa forma, la carne trata de tomar el control y amenaza la vida del Espíritu Santo en la Iglesia. Con frecuencia, la Iglesia ha exaltado personalidades, talentos y dotes, y se ha inclinado ante el hombre en lugar de inclinarse ante Dios. Hemos sustituido la sabiduría del Espíritu Santo por el razonamiento de la mente carnal. Nos preguntamos por qué no tenemos la presencia de Dios en nuestros cultos, ni el poder de Dios que nos permita ver vidas transformadas. Se debe a que estamos entronizando a Amán y amenazando la vida de Mardoqueo, que sigue sentado a nuestra puerta. No pueden gobernar ambos a la vez. Es frecuente que nuestra carne tenga la preeminencia hasta que nuestro comienza a lamentarse y clama a Dios pidiéndole misericordia.

LA INTRIGA DE AMÁN

Y dijo Amán al rey Asuero:... Si place al rey, decrete que sean destruidos... Entonces el rey quitó el anillo de su mano, y lo dio a Amán hijo de Hamedata agagueo, enemigo de los judíos, y le dijo: La plata que ofreces sea para ti, y asimismo el pueblo, para que hagas de él lo que bien te pareciere. Ester 3:8-11.

Mardoqueo se vistió de cilicio y se cubrió la cabeza de ceniza cuando supo de la difícil situación en que estaba su pueblo. Entonces, entró la ciudad clamando en voz alta con amargura. Mientras se iba proclamando el decreto de muerte a los judíos por toda la tierra, había entre éstos gran angustia, acompañada de ayuno y llanto. Todos los que caminaban por las puertas del palacio observaban estas señales de luto y angustia, de manera que las doncellas de Ester acudieron a hablarle del estado en que se encontraba Mardoqueo. Cuando Ester vio como estaba, sintió dolor en el corazón y le envió ropas que él no recibió. Entonces le envió a un sirviente para que averiguara por qué se estaba lamentando.

El Espíritu Santo tiene una forma de llorar que nosotros debemos aprender a reconocer para poder comprender las cargas del Señor. Ora dentro de nosotros con gemidos indecibles (Romanos 8:26). Decidido a cumplir la voluntad de Dios, llora cuando nosotros insistimos en hacer nuestra propia voluntad. Cuando llega a nosotros Amán para exigir sus "derechos", trata de engañarnos para que nos pongamos de su parte en lugar de ponernos de parte de Mardoqueo. Los "derechos" de la carne siempre amenazan la vida del Espíritu en nosotros. Amán es sutil. No llega a nosotros proclamando que nos va a destruir. Se acerca como servidor nosotros para decirnos que tenemos unos derechos que hay alguien que no está reconociendo. Merecemos una honra que no estamos recibiendo. Amán quiere posición, reconocimiento y honra para engrandecer su propio nombre. Está dispuesto a usar cuanta excusa haya en el mundo, por débil que sea, y lo va a hacer religiosamente. Amán no nos habla a través de extraños, sino desde la gente que más queremos entre quienes nos rodean, y también desde dentro de nuestra propia mente y corazón.

Mis batallas no han sido con la gente del mundo. Mi corazón ha sido el campo de batalla donde la carne y el espíritu se encuentran en un combate mortal. Yo recibí mi adiestramiento más rico durante los pocos meses que estudié con una clase pequeña donde sólo había doce estudiantes. El tamaño del grupo no me preocupaba, porque sabía que la maestra, Helen Vincent Washburn, tenía algo que yo necesitaba. Muchas personas me preguntaban por qué estaba malgastando mi vida en aquella insignificante aula en el sótano de la iglesia. Pero yo había decidido escuchar al Mardoqueo divino que hay dentro de mí, el cual me dijo que me quedara allí hasta que hubiera aprendido lo que Él me quería enseñar.

Mi santa maestra me señaló al rostro con el índice, mientras le corrían las lágrimas por las mejillas. Sus penetrantes ojos de color azul profundo me reprendieron, mientras me advertía: "Nunca vas a ser digna del tiempo que Dios ha invertido en ti, ni tampoco vas a responder jamás al llamado de Dios, mientras escuches balar a las ovejas en tus oídos". Se estaba refiriendo al relato histórico de la ocasión en que Saúl desobedeció a Dios, salvándoles la vida a los mejores animales del botín y al rey Agag. Estaba en lo cierto, y yo salí corriendo del aula hacia la residencia de las estudiantes. Allí me extendí en tierra sobre mi rostro, clamando: "(Vivo o muerto, Agag tiene que desaparecer!" Yo no le había hablado a aquella maestra, pero ella había estado postrada en oración a las tres en punto de la mañana. Había orado por nosotros como si fuéramos la única gente en todo el mundo. Dios permitió que me enfrentara a mi Amán al escoger la vida del Espíritu sobre la vida de la carne. Tenemos que decidirnos a morir a las voces de Agag y de Amán en nuestra vida, convirtiendo a la presencia de Dios en el anhelo de nuestro corazón. Entonces tocaremos su cetro y pediremos la muerte de Amán. Puedo testificar que no hay nada ni nadie que merezca el que nosotros no hagamos la voluntad de Dios en nuestra vida. No vale la pena ponerse del lado de la estrategia de Amán para dedicarnos a exigir nuestros derechos, porque la consecuencia es que nos perderemos una vida en la presencia del Rey.

La Iglesia en problemas tiene que decidir si va a hacer concesiones y tratar de permitir que coexistan la carne y el Espíritu. Si no está dispuesta a hacer esas concesiones, tendrá que enfrentarse a las amenazas de Amán por no haberse inclinado ante su señorío. La iglesia que no derrota a la vida de la carne, nunca conocerá la realidad del Reino de Dios bajo la autoridad del Espíritu Santo. Ester nos muestra la forma de destronar a Amán. Por medio de su desprendimiento y de su gran valor, salvó su propia vida y la de su pueblo.

6

La valentía de Ester

La Iglesia ante las amenazas

Mardoqueo le envió un mensaje a Ester para hacerle comprender lo serio que era el decreto de Amán contra los judíos. Le advirtió que ella tampoco sobreviviría, a pesar de vivir en el palacio del rey. Si permanecía callada, lo que le esperaba era ver destruida la casa de su padre y perder la vida. Entonces le mandó hacer una aguda pregunta: "*¿Y quién sabe si para esta hora has llegado al reino?*" Mardoqueo, que comprendía la soberanía de Dios, creía que todo su propósito al hacer que se convirtiera en reina habría sido el que intercediera por su pueblo y lo salvara de la destrucción. Al acercarnos a los sucesos cumbre de este episodio histórico, no permitamos que influya sobre nosotros el hecho de que ya hemos leído el final de la historia. En lugar de hacerlo, tratemos de captar las profundidades de este trágico drama human, cuyo desenlace dependía de las decisiones que tomara en su corazón la joven reina Ester.

Ella sabía que el decreto de Amán amenazaba su vida. Sólo le quedaba el recurso de apelar al rey para que les salvada la vida a ella y a su pueblo. Pero la decisión de hacer su apelación también pondría en riesgo su vida. Según la ley, no podía comparecer ante el rey nadie al que éste no hubiera llamado, y ella no había sido llamada en treinta días. Todo el que se atreviera a presentarse ante el rey sin haber sido llamado ponía su vida a merced del rey, en la esperanza de que él extendiera su cetro de oro hacia él. Si no lo hacía, la persona era ajusticiada. O sea que, para Ester, la muerte era segura a manos de Amán y posible a manos del rey. Ella decidió someter su vida de nuevo a Mardoqueo y abandonarse a la voluntad de Dios. Mardoqueo le encomendó que fuera ante el rey y le pidiera misericordia para su pueblo. Así que Ester convocó a todos los judíos de Susa para que se unieran a ella y a sus doncellas en un ayuno de tres días. Después, declaró valientemente: "Entonces entraré a ver al rey, aunque no sea conforme a la ley; *y si perezco, que perezca*" (Ester 4:16).

La Iglesia de hoy debe llegar a este abandono en manos de la voluntad divina que no se estremece ante la posibilidad de la muerte. Debe echar a un lado toda falsa esperanza de que va a ser librada de la destrucción decretada por Amán. En el Apocalipsis leemos: "Y ellos le han vencido por medio de la sangre del

Cordero y de la palabra del testimonio de ellos, y menospreciaron sus vidas hasta la muerte" (Apocalipsis 12:11). Para ser salvada del sistema del mundo y de sus filosofías, es necesario que la Iglesia experimente un tiempo de quebrantamiento y arrepentimiento, de cilicio y cenizas, y de espera en nuestro Dios. La vida de la carne es enemiga mortal de la vida del Espíritu. Tenemos que recurrir a lo mismo que Ester si esperamos librarnos de la destrucción. Debemos hallar el lugar de la humildad en ayuno y oración para nosotros mismos y para el pueblo de Dios. Ella conocía los requisitos necesarios para entrar a la presencia del rey. Sólo podía apelar a su misericordia para salvar la vida. Una de las primeras cosas que aprendemos a pedir cuando llegamos ante la presencia del Rey es que nos conceda misericordia.

EN SU PRESENCIA

Aconteció que al tercer día se vistió Ester su vestido real, y entró en el patio interior de la casa del rey, enfrente del aposento del rey; y estaba el rey sentado en su trono en el aposento real, enfrente de la puerta del aposento. Ester 5:1

En el tercer día del ayuno, Ester se vistió con el esplendor de la realeza. La lamentación, el ayuno y la oración forman parte de un proceso necesario para comparecer ante la presencia del Rey. Sin embargo, cuando estamos ante Él, llevamos los ropajes reales que hemos recibido de Él. Nos vestimos en aquello que le agrada, y entramos a su presencia con unos atavíos alegres, dejando fuera el llanto. Cuando entramos a su presencia es para invitarlo a un banquete que estamos preparando para Él. El salmista escribió: "Entrad por sus puertas con acción de gracias, por sus atrios con alabanza; alabadle, bendecid su nombre" (Salmo 100:4).

Lo primero que hizo Ester fue entrar en el patio interior, en espera de que el rey la viera. Los tres verbos de posición que abren la comprensión de la epístola a los Efesios son *sentarse, andar* y *estar firme.* Son esas mismas palabras las que abren las verdades del libro de Ester. Ella aprendió a sentarse, a caminar y a estar firme ante la presencia del rey. El salmista escribió: "Bienaventurado el varón que no anduvo en consejo de malos, ni estuvo en camino de pecadores, ni en silla de escarnecedores se ha sentado" (Salmo 1:1). Ester sabía que al entrar ante la presencia del rey, lo correcto era permanecer callada de pie, en espera de que él reconociera su presencia.

Cuando el Señor me reveló en una visión el mensaje del libro de Ester, yo estaba de pie junto a la puerta, como la reina Ester. Aunque estaba allí de pie, casi temblando, por algún motivo no tenía miedo alguno. Sabía que tenía que permanecer firme allí, hasta ver los ojos del Rey. Nunca podré explicar lo profundamente que Él escribió en mi corazón que no me debía ocupar con nada de lo que me rodeaba. Sabía que tenía que mirarlo a Él hasta que pusiera sus ojos en mí. Cuando era niña, mi padre me guiaba muchas veces con la vista. Me podía dirigir en cuanto a dónde sentarme y cómo comportarme, sólo por la forma en que me miraba. Ester sabía que cuando los ojos del rey se fijaran en ella, indicarían si había conseguido su favor.

En el Cantar de Cantares de Salomón leemos sobre unos ojos que son descritos como los estanques de Hesbón. Una de las características de estos estanques eran sus aguas claras y transparentes. Eran tan claras, que la persona podía ver su imagen completa cuando se miraba en ellas. Esos ojos claros y transparentes caracterizados por los estanques de Hesbón eran los ojos del novio. Pablo escribió: "Nosotros todos, mirando a cara descubierta como en un espejo la gloria del Señor, somos transformados de gloria en gloria en la misma imagen..." (2 Corintios 3:18). Cuando nosotros lo miramos a los ojos, Él hace que los nuestros sean como los estanques de Hesbón, claros y puros, para que reflejen su imagen. No le podemos hacer nuestra petición al Rey hasta que no consigamos su favor. Los ojos son una expresión del corazón que refleja nuestras actitudes y revela nuestro afecto.

Mientras permanecía allí de pie, esperando que el corazón del rey le respondiera favorablemente cuando él la viera, sabía que su destino sería simbolizado por el cetro, si era levantado o no. En la mayor parte de nuestro mundo actual no estamos familiarizados con la hermosa palabra *cetro*, porque no nos gobierna un rey. Cuando visité Inglaterra, fui a ver las joyas de la reina. Me quedé asombrada al saber que entre las joyas reales hay una corona, un orbe, un plato para sal y el cetro. Este cetro significa una autoridad total que es extendida hacia un súbdito. Cuando el rey extiende hacia usted su cetro, es que usted ha ganado su favor, y le será concedido cuanto le pida.

Y cuando vio a la reina Ester que estaba en el patio, ella obtuvo gracia ante sus ojos; y el rey extendió a Ester el cetro de oro que tenía en la mano. Entonces vino Ester y tocó la punta del cetro. Ester 5:2

La reina había arriesgado la vida, y el rey le había concedido su favor. Cuando le rendimos a Dios nuestra vida y todo cuanto tenemos que sea valioso, hallaremos el favor de nuestro Rey, y nos será concedida nuestra petición. Las Escrituras nos enseñan que la rendición total gana el corazón de nuestro Rey y hace que Él extienda hacia nosotros su cetro cuando comparecemos ante su presencia.

Cuando el rey extendió su cetro, Ester se acercó lo suficiente para tocar su extremo. Al tocar el cetro del rey, estaba expresando su gratitud por su bondad al aceptarla. Debemos entrar a la presencia del Rey con una actitud de agradecimiento. El verdadero agradecimiento no consiste sólo en decir palabras; es una manifestación de la gratitud que tenemos en el corazón. Es hermoso lo que experimento cada vez que mi corazón se inclina en agradecimiento. Yo sé que, a pesar de que no soy digna de estar en la presencia del Rey, Él me ha aceptado. No me apoyo en mi justicia, sino que he conseguido su favor.

Al tocar el cetro, Ester no sólo expresaba su gratitud, sino que también mostraba su sujeción al rey. Cuando nos inclinamos ante el Rey, expresamos que estamos dispuestos a escuchar cuanto nos quiera decir. No debemos tocar el cetro si no estamos dispuestos a obedecer las indicaciones que oigamos de Él. Ella no sólo escuchó y se inclinó ante lo que el rey le decía, sino que al marcharse de su presencia, hizo todo lo que él le dijo que hiciera. Cuando sabemos que estamos verdaderamente sometidos a nuestro Rey, lo podemos invitar a un banquete, y Él estará encantado de asistir.

Dijo el rey: ¿Qué tienes, reina Ester, y cuál es tu petición? Hasta la mitad del reino se te dará. Ester 5:3

Yo solía pensar que al principio, Ester no se atrevía a decirle al rey lo que quería. Me parecía que su verdadera necesidad era librarse de Amán, y que en lugar de expresarla, invitó al rey a un banquete. Pero el Espíritu Santo corrigió mi pensamiento. Según la palabra del rey, Ester habría podido tener cuanto quisiera. Habría podido pedir la muerte de Amán en aquel mismo instante. Le estaba expresando al rey su verdadero anhelo cuando le contestó: "Si place al rey, vengan hoy el rey y Amán al banquete que he preparado para el rey" (Ester 5:4). El anhelo del corazón de Ester era tener comunión con el rey en un banquete que ella había preparado para él.

Siempre es necesaria la preparación para el conocimiento de la presencia del Rey. Nuestro corazón debe estar preparado para un banquete de comunión antes de que invitemos al Rey a venir. No basta con ir a la iglesia y sentarnos con los brazos cruzados, en espera de que Él nos bendiga. Debemos hacer los preparativos necesarios para invitar al Rey a un banquete que le prepararemos. Entonces es cuando decidimos traer con nosotros a nuestro Amán, con toda la intención de descubrirlo ante el Rey. Ester sabe que el único en el que se puede enfrentar con Amán es ante el rey. Recordando que Amán representa la carne del ser humano, debemos estar dispuestos a llevar nuestra carne ante la presencia de nuestro Rey, para descubrirla. Necesitamos tomar la iniciativa y decretar una obediencia para nuestra carne. Nuestro hombre interior le puede ordenar al hombre exterior que haga lo que Dios nos dice que hagamos. Invitar a nuestro Amán a un banquete que hemos preparado para el Rey es el primer paso en nuestra liberación del decreto de muerte que esta vida carnal tiene sobre nosotros.

Hubo un tiempo en el que yo no comprendía que el Rey acudiría a un banquete que yo le preparara. Cuando Dios me comenzó a enseñar este principio, estaba involucrada en un ministerio grande, y aparentemente exitoso con la gente. Él me preguntó si estaría dispuesta a dejar el patio exterior y dejar de ministrarle a la gente para ministrarle a Él. Sin la muchedumbre, se sentía la soledad. Yo lloré y me lamenté, pensando que mis días de maestra habían terminado. Él no me hizo ver nada diferente, hasta que yo me manifesté dispuesta a permanecer allí, a sus órdenes. Entonces, Él me hizo comprender que cuando entro en su presencia para ministrarle, soy transformada por medio de la comunión con Él. Mientras Él me alimentaba, yo me convertía en pan viviente para la gente. Durante muchos meses, me exigió que me apartara a solas con Él, y me cambió mi perspectiva sobre el ministerio. Fue algo transformador, cuando comencé a conocer la diferencia entre trabajar para Dios y dejar que Él trabaje a través de mí.

A medianoche del viernes santo de 1966, mientras salía de un culto en la iglesia, el Señor me preguntó si estaba dispuesta a perderme a mí misma. Él me enseñaría a adorarlo. Quería llevarme ante su presencia y enseñarme la forma de llevar a otros ante su presencia de una forma nueva. Antes de aquella noche, no había sabido que le podía "ministrar al Señor", aunque le había ministrado a la gente durante muchos años. Pero aprendí que en el orden divino, cuando entramos a la presencia del Rey, nos corresponde a nosotros prepararle a Él un banquete.

Él me dijo: "hija, tú has predicado un mensaje benévolo tomado de las Escrituras: 'Porque tuve hambre, y no me disteis de comer; tuve sed, y no me disteis de beber... estuve desnudo, y no me cubristeis; enfermo, y en la cárcel, y no me visitasteis' [Mateo 25:42-43]. Ese mensaje tuvo por consecuencia un ministerio a las necesidades físicas de las personas, lo cual forma parte del Evangelio. Sin embargo, yo vivo en mi pueblo, los hermanos, y acudo hambriento en ellos a la iglesia. Yo vivo en ti, y me debes alimentar para que pueda crecer contigo hasta la estatura plena." Cuando pronuncié por vez primera las palabras "Déjame alimentarte, Señor", me sonaron como blasfemia en los oídos. Entonces comencé a comprender que la vida de Dios dentro de mí necesitaba el alimento del tiempo pasado en su presencia, en oración y adoración y en la Palabra.

Hay una forma doble de ser transformados a imagen de Dios. Una de las formas se produce mientras lo contemplamos en la Palabra; la otra, mientras recibimos su vida a través de nuestra adoración. La adoración no consiste sólo en una experiencia emocional, sino en un entrar en su presencia, de manera que por medio de su Espíritu, Él pueda depositar su vida en nosotros. Cuando adoramos a Dios, alimentamos la vida del Espíritu en nosotros y satisfacemos a su corazón. Cuando lo contemplamos en la Palabra, Él toma la pluma del escritor eterno, y la copia en las tablas de nuestro corazón. Entonces nos convertimos en la Palabra viva. Es entonces cuando nos convertimos en epístolas vivas, "conocidas y leídas por todos los hombres" (2 Corintios 3:2). No podemos vivir sin recibir vida de Dios. Mi hombre interior no tiene otra forma de vivir, porque es un espíritu avivado y necesita recibir esa vida de Dios, quien es Espíritu. Cuando l contemplo en su Palabra y lo adoro, su vida puede fluir en mí.

De manera que la reina Ester preparó un banquete con el rey para tener comunión con él. Sabía que tenía en sus manos poderes de vida o muerte. E invitó a Amán con el propósito de poner al descubierto su malvada conspiración delante del rey. Sabía que sólo le podía presentar su apelación al rey, y estaba agradecida por la misericordia que había recibido hasta aquellos momentos. En el banquete, el rey le ofreció de nuevo a Ester que le concedería cuanta petición le hiciera, hasta la mitad del reino, y Ester le dijo de nuevo:

Si he hallado gracia ante los ojos del rey, y si place al rey otorgar mi petición y conceder mi demanda, que venga el rey con Amán a otro banquete que les prepararé; y mañana haré conforme a lo que el rey ha mandado. Ester 5:8

El tiempo pasado con el rey creó el anhelo de pasar más tiempo en su presencia. Ester no se apresuró a descubrir su petición, sino que quiso tener una comunión mayor con su rey. Por supuesto, todo esto era una preparación para dar a conocer su petición y suplicar por su propia vida y la de su pueblo.

Así es como, mientras la Iglesia adora en la presencia del Rey, nuestro corazón se une con el suyo como preparación para hacer que nuestras peticiones le sean conocidas. Sólo Él tiene el poder necesario para concedernos vida y redimirnos de las amenazas de nuestros enemigos.

7

Ester descubre a Amán

La Iglesia en la adoración

En su orgullo, Amán sintió alborozo cuando recibió una segunda invitación para cenar con el rey y la reina en un banquete especial. Salió de palacio regocijándose por sus honores y privilegios, alardeando de ellos ante sus amigos. Pero cuando atravesó la puerta del rey y pasó junto a Mardoqueo, el corazón se le llenó de indignación. Se le quejó con vehemencia a su esposa acerca de Mardoqueo, y ella le aconsejó que preparara una horca de cincuenta codos de alto para colgar de ella al judío. Después le aconsejó que hablara con el rey al día siguiente acerca de lo que quería que se hiciera. A Amán le gustó la idea e hizo que levantaran la horca.

EL REY DESPIERTA

Aquella noche, después del primer banquete, el rey no podía dormir. Hizo que le trajeran las crónicas de su reino y mientras oía su lectura, descubrió que cierto hombre le había salvado su vida y no había sido honrado por haberlo hecho. Entonces oyó que había alguien en el patio. Cuando preguntó quién era, halló que era Amán, que esperaba para hablar con él. El rey le preguntó que se debía hacer por el hombre al que él quería honrar. Suponiendo que él mismo era ese hombre, Amán describió enseguida la forma de honrarlo adecuadamente. Comenzó a regocijarse con el pensamiento de que había llegado el día de su exaltación. Usaría la corona y las vestiduras del rey, y lo llevarían en desfile por la ciudad montado en el caballo del rey. Alguien iría proclamando delante de él: "Así se hará al varón cuya honra desea el rey" (Ester 6:9).

Amán siempre sabe lo que quiere decir, lo que se debe hacer y cómo hay que hacerlo. Se impone porque se cree mejor que los demás. Su principal propósito es destruir a Mardoqueo; esto es, a la obra del Espíritu. Está muy seguro de que va a alcanzar su objetivo, por la influencia que tiene con el rey. Si somos sinceros, debemos admitir que el Amán que vive dentro de nosotros se parece mucho a este Amán histórico.

Amán quería usar los ropajes del rey. La ley de la tierra condenaba a muerte a todo aquél que usara unas vestiduras que reprodujeran el color, el tipo de tela o el estilo de los ropajes del rey. La única forma de que alguien pudiera usar estos ropajes era que el rey mismo se los diera. La Iglesia sólo se puede revestir de justicia cuando entramos en la presencia del Rey. No podemos hacer que nuestras propias vestiduras se parezcan a las suyas, ni permitir que ninguna otra persona nos vista. Según el profeta Isaías, nuestra justicia es como trapos de inmundicia. Amán promovió su propia honra de una manera ilegal, anhelando usar los ropajes del rey. Sin embargo, la carne nunca se va a revestir de justicia, porque busca su propia honra, que es la antítesis de la justicia. El verdadero arrepentimiento es el que nos trae el manto de justicia, como le sucedió al hijo pródigo. El padre mismo hizo que trajeran el mejor vestido y se lo pusieran a su hijo, cuando volvió arrepentido a su casa. Nuestro Padre celestial hará lo mismo por sus hijos que se arrepientan con sinceridad.

Amán no quería solamente los ropajes del rey, sino también su corona. Según las Escrituras, hay muchos tipos de coronas que reciben las almas que sean dignas de ellas. Entre esas coronas están la del mártir, la del ganador de almas, la del vencedor, la corona de la vida y la corona del amor misericordioso. Son regalos que les hace Dios mismo a sus hijos, y un día las tiraremos a sus pies, mientras lo adoramos por ser quien es. En cambio, Amán quería la corona más alta del reino para ponérsela en la cabeza. Tenía el afán de disfrutar de una supremacía absoluta, tal como Lucifer quería destronar a Dios para que lo adoraran a él. Desde que fue lanzado del cielo a la tierra, ha engañado a los hombres para que lo adoren a él. Su meta primaria no es convertir a los seres humanos en alcohólicos o prostitutas; esas cosas sólo son productos secundarios de una vida caída. Su intención final es recibir la adoración que sólo le pertenece a Dios.

Si usted quiere poner al descubierto a Satanás, lo va a encontrar dondequiera que haya un trono. Él anda al acecho alrededor de la puerta que da al salón del trono, porque quiere subir al trono para que lo adoren. No va a lograr alcanzar el trono del Padre, pero está decidido a alcanzar los tronos de los hijos. Está batallando por destronar a Jesús, quien es con todo derecho el Señor de nuestra vida, e imponer su señorío sobre nuestra mente y nuestro corazón. Cada uno de nosotros tiene la responsabilidad de entregarle la corona de honor a nuestra carne, o dársela al Espíritu Santo en este forcejeo a vida o muerte.

Amán también quería cabalgar sobre el caballo del rey. Los caballos eran usados para celebrar en un desfile triunfal, como declaración de que se había ganado la batalla. Cuando Jesús regrese, va a venir cabalgando sobre un caballo blanco, con un estandarte que proclame: "El Verbo" (Apocalipsis 19:11-13). El mundo sabrá que la Palabra ha triunfado sobre la carne y sobre el diablo. Esa victoria final que todos estamos esperando será celebrada mientras el Rey de reyes cabalga sobre un caballo. Ese hecho le añade significado al anhelo de Amán por fingir su victoria de igual forma.

La humillación de Amán

En contraste con el espíritu agresivo y dedicado a

buscar su propia exaltación que tenía Amán, vemos a Mardoqueo, sentado a la puerta. Había estado vigilante para proteger el reino, aunque aún no tenía en él el lugar que merecía. No estaba buscando su propia honra, sino que siempre estaba vigilando y trabajando para que reinaran en santidad la paz y la justicia. En la providencia de Dios, al rey se le había hecho notar la nobleza de este Mardoqueo. Él era el que merecía verdaderos honores, y los iba a recibir de acuerdo con lo determinado por Amán.

Entonces el rey dijo a Amán: Date prisa, toma el vestido y el caballo, como tú has dicho, y hazlo así con el judío Mardoqueo, que se sienta a la puerta real; no omitas nada de todo lo que has dicho. Ester 6:10

Después de llevar a su enemigo en desfile por las calles, Amán se fue a su casa afligido. Nos podemos imaginar la humillación suprema que sufrió al tener que honrar a Mardoqueo por las calles de la ciudad. Estaba airado y avergonzado por haber tenido que exaltar a aquel judío que sólo estaba dispuesto a inclinarse ante el Dios viviente y no le daba honra a ningún otro. La carne es muy predecible en sus actitudes y acciones, porque siempre trata de dominar y de buscar la honra para sí misma.

Sin embargo, había llegado el día de la exaltación de Mardoqueo. Él nunca se había exaltado a sí mismo, y nunca había honrado a la carne. La meta de Mardoqueo era exaltar al rey y llevar a su esposa a una relación con él. De igual manera, el ministerio clave del Espíritu Santo consiste en exaltar a Jesús en la Iglesia y llevar a la Iglesia, la novia, al hogar donde la espera el Señor. Como tipo, la hermosa historia de

Rebeca e Isaac (Génesis 24) presenta al siervo que va en busca de esposa para el hijo. Nos enseña cuál es la obra del Espíritu Santo en la tierra: edificar el Reino de Dios dentro de nuestro corazón y preparar ese corazón para la eternidad. Su tarea consiste en llevar a la Iglesia al hogar, y hacer de esa Iglesia una esposa para el Señor. Debemos evaluar nuestro trabajo para Dios, observando si estamos exaltando a Jesús, o no. Si no lo estamos haciendo, la que está obrando es la carne, y no el Espíritu.

La meta de Amán era reinar junto al rey y destruir a todo aquél que no le rindiera los honores debidos. Por eso, el día en que el rey decidió honrar a Mardoqueo fue un día de humillación extrema para él. Sin embargo, tuvo poco tiempo para lamentarse, porque había llegado el momento del segundo banquete que Ester había preparado para el rey y para él. El hecho de que Mardoqueo fuera honrado en un momento tan oportuno le debe haber dado a Ester el valor necesario, mientras se preparaba para poner en evidencia a su enemigo ante la presencia del rey.

AMÁN ES PUESTO EN EVIDENCIA

En el segundo banquete que Ester había preparado para el rey, bebieron. Ella decidió tener comunión con él por medio de un banquete con vino, el cual representa la vida del Espíritu, en oposición a las obras. Estaba en la presencia del rey para llegarle al corazón y agradarle como reina suya. Es evidente que el rey respondió positivamente a sus atenciones, puesto que repitió su deseo de conocer su petición. Su mente y sus intereses, que no se habían ocupado de ella durante varias semanas, se volvieron de nuevo hacia ella, cuando se le presentó en este momento de comunión.

Aunque Dios nunca se despreocupa de nosotros, sigue siendo cierto que se deleita en que nos lleguemos hasta Él en una comunión y una intimidad verdaderas, y le preparemos un banquete de adoración y amor antes de presentarle nuestras peticiones. En los momentos en que le demostramos amor, su corazón se siente movido a concedernos lo que le pedimos. Las Escrituras nos exhortan a que le demos a conocer nuestras peticiones con acción de gracias (Filipenses 4:6). Durante este momento de comunión fue cuando el rey le preguntó de nuevo a Ester cuál era su petición.

Ester le respondió diciendo: "Oh rey, si he hallado gracia en tus ojos..." Ésa debe ser nuestra preocupación cuando comencemos a pedirle algo a nuestro Rey: que hayamos encontrado favor ante sus ojos. Después continuó: "Y si al rey place, séame dada mi vida por mi petición, y mi pueblo por mi demanda" (Ester 7:3). En otras palabras, su clamor era: "Si no nos das vida a mí y a mi pueblo, vamos a morir". Al presentar su petición, Ester reconoció que la conservación de su vida sólo le podía venir del rey. En nuestra vida es necesario que llegue un momento en el que desaparezca todo lo demás, y sólo estemos motivados por un anhelo. El salmista clamó: "Una cosa he demandado a Jehová, ésta buscaré; que esté yo en la casa de Jehová todos los días de mi vida..." (Salmo 27:4). Quería permanecer para siempre en la presencia del Señor. Ester quería permanecer con su rey, pero no podía seguir coexistiendo con su adversario, el malvado Amán, quien había decretado su muerte. Debemos darnos cuenta de que todos los apetitos de la carne militan contra la vida del Espíritu que hay dentro de nosotros. Entonces, los echaremos a un lado, y sólo nos quedará una petición: "Danos la vida mí y a mi pueblo".

Cuando Ester le explicó al rey la difícil situación en que se hallaban tanto ella como su pueblo, el rey se enojó y le preguntó quién se había atrevido a tramar un crimen tan perverso. Entonces Ester le respondió: "El enemigo y adversario es este malvado Amán" (Ester 7:6). Mardoqueo había cumplido con su cometido al informarle a Ester sobre quién era su verdadero adversario y ahora ella, ante la presencia del rey, fue capaz de ponerlo al descubierto con conocimiento. A menos que el Espíritu Santo nos revele la verdad con respecto a quién es Amán en realidad, no vamos a *querer* que sea destruido. Ester había llegado a comprender que Amán no era el leal representante del rey que él fingía ser. Había ayunado y orado, y se había preparado para comparecer ante el rey con pleno conocimiento del decreto de muerte que había sobre su cabeza. Ésta es la decisión que necesitamos haber tomado cuando entremos a la presencia del Rey: librarnos de nuestra vida carnal para recibir vida de Él.

El plan de Dios para la Iglesia en los últimos días consiste en llevarnos ante la presencia del Rey en adoración, para que lo conozcamos y lo amemos, e intercambiar nuestra vida carnal con la suya. Pablo afirmó que él "estimaba todas las cosas como pérdida" y las tenía por estiércol para ganar a Cristo (Filipenses

3:8-10). Después de expresar el anhelo de poseer la justicia que nos viene por medio de la fe en Cristo, terminaba con este clamor salido de lo más profundo de su ser: "a fin de conocerle" (v. 10). Conocer a Cristo y ser revestido de su justicia significa ser despojados de nuestra vida carnal por decisión propia. Si seguimos tratando de salvar nuestra vida carnal, perderemos nuestra vida en Dios. En cambio, si le seguimos entregando nuestra voluntad, seguiremos recibiendo su vida, que es eterna. El decreto de muerte será invalidado y conoceremos gran gozo en la presencia del Rey.

El rey se enojó grandemente cuando supo la verdad sobre la malévola intriga de Amán para matar a su reina y a todo su pueblo; tanto, que cuando sus servidores le hablaron de la horca que se había levantado para Mardoqueo y le sugirieron que mandara ahorcar allí a Amán en su lugar, ordenó que así se hiciera. Sólo entonces se apaciguó su ira.

El mismo día, el rey Asuero dio a la reina Ester la casa de Amán enemigo de los judíos; y Mardoqueo vino delante del rey, porque Ester le declaró lo que él era respecto de ella. Ester 8:1

Cuando llegó el momento de que Ester revelara su identidad, y con ella la de Mardoqueo y su parentesco con él, le dio el lugar que le correspondía dentro del reino. Entonces, el rey le dio a Mardoqueo el anillo de autoridad que le había dado anteriormente a Amán. "Y Ester puso a Mardoqueo sobre la casa de Amán" (Ester 8:2).

Debemos sentirnos tan ofendidos con nuestra vida carnal, como lo estuvo este rey con Amán. Cuando nos demos cuenta de sus perversas intenciones contra la vida de Dios que llevamos dentro, reaccionaremos contra ella con tanta vehemencia como el rey. Entonces se podrá establecer el verdadero gobierno de Dios en nuestra vida, y viviremos en paz. Eso es lo que hacemos cuando nos ponemos a la disposición del Espíritu Santo y permitimos que sea Él quien gobierne nuestra vida. Es una decisión que tomamos en la presencia del Rey, donde Amán ha quedado al descubierto y se ha decretado su muerte. En nuestro caminar con Dios, no podemos esperar que Amán, nuestra vida carnal, no nos dé problemas, a menos que no mantengamos nuestra consagración a la voluntad del Espíritu Santo. Debemos cultivar una relación con Él, como Aquél que gobierna sobre nosotros.

Cuando recibamos vida de parte del Rey, Él va a escribir su Palabra en nuestro corazón para cambiar los decretos de Amán en contra nuestra. Él envía su Palabra para sanarnos y transformarnos. Así, conoceremos la verdad, y la verdad nos hará libres (Juan 8:32). Todos los decretos que se han lanzado en contra nuestra para destruirnos han sido escritos de nuevo por la sangre del Cordero y, cuando aplicamos esa sangre a nuestra vida, somos purificados y transformados en su imagen.

Después nos queda anular "la maldad de Amán agagueo" (Ester 8:3). Ester le suplicó al rey que destruyera el decreto en el que disponía que se matara a todos los judíos. No podía soportar ver la malvada destrucción decretada contra su pueblo. Éste fue su clamor: "Oh rey, si he hallado gracia en tus ojos, y si al rey place, séame dada mi vida por mi petición, y mi pueblo por mi demanda". Su fuerte anhelo a favor de su pueblo se reveló en su súplica de que se le concedieran su propia vida y la de los suyos.

En el lugar de adoración, la Iglesia recibe vida y halla liberación de las garras de Amán. Ésa es la razón por la que Dios quiere llevarla a un nuevo nivel en cuanto a adorar al Cordero, contemplándolo en su belleza y en su poder para cambiar nuestra vida. La realidad de Amán también explica por qué la mente carnal de los hombres religiosos se opone a la idea de la adoración. Mientras sea la vida carnal la que gobierne, va a buscar honra para sí misma, y va a tratar de destruir la vida del Espíritu, que halla su satisfacción en la adoración del Cordero.

Si le pedimos a Dios que nos dé "nuestra vida por nuestra petición, y nuestro pueblo por nuestra demanda", el resultado será una Iglesia fecundada con la Palabra viva (simiente) de Dios, y que vivirá para la presencia y los propósitos de Dios. Esto no es lo mismo que pedir que la iglesia crezca, porque tener una gran cantidad de gente no significa que tengamos más de la presencia de Dios. En cambio, tener gente que viva bajo el gobierno del Espíritu Santo y reciba del Rey esa vida es algo que va a atraer a otros que anhelan tener la misma calidad de vida en Dios que ven en la Iglesia. Muchas personas que vivían en Shushán se hicieron judías por el temor a los judíos que cayó sobre ella cuando comenzó a gobernar Mardoqueo. La vida engendra vida, y la Iglesia puede tener la expectación de ser fructífera en la edificación del reino de Dios cuando ha concebido realmente vida en la presencia del Rey.

8

El establecimiento del Reino

La Iglesia triunfante

Sólo después de que nuestra vida haya quedado establecida en Dios, podremos interceder por otros que están condenados a ser destruidos por el enemigo.

Volvió luego Ester a hablar delante del rey, y se echó a sus pies, llorando y rogándole que hiciese nula la maldad de Amán agagueo y su designio que había tramado contra los judíos. Ester 8:3

Como hemos visto, la ira del rey se encendió cuando se dio cuenta de que el enemigo había tocado a la reina y al pueblo de Dios. Como la ley no permitía que se anulara el decreto, les dijo a Ester y Mardoqueo que escribieran un nuevo decreto contra sus enemigos.

El nuevo decreto demostraría ser una ley más alta que se iría por encima de la primera. Aunque no la anulaba, sí les daba a los judíos los recursos necesarios para eliminar su efecto mortal sobre ellos. De igual forma, la ley del amor es superior a la ley de Moisés. Aunque Jesús vino a cumplir la ley, lo hizo a través del poder de la ley del amor, una ley más alta. El nuevo mandamiento que nos dio fue que nos amemos unos a otros y cumplamos así su ley, la ley de Cristo. Cuando cumplimos ese mandamiento, la ley pierde todo su poder para condenarnos.

El nuevo decreto estaría sellado con el anillo que llevaba el sello real, y les daría poder a los judíos para defenderse contra sus enemigos en el día de la batalla. Aunque se encienda la ira de Dios contra nuestros enemigos, Él nos sigue haciendo participar en la lucha por dominarlos. El decreto cuyo cumplimiento iniciemos contra nuestros enemigos irá respaldado por la autoridad del sello del Rey. Entonces será necesario librar la batalla, como se le exigió al pueblo de Ester para que triunfara sobre sus enemigos.

Aprendemos, junto con el salmista David, que Dios nos va a enseñar a guerrear y nos dará una gran victoria en el día de la batalla (Salmo 18:28-43). A la Iglesia le ha sido dado el poder y la autoridad necesarios para destruir a los principados en las regiones celestes. Por medio de la adoración, el cielo que tenemos encima de nosotros puede quedar limpio de poderes enemigos. El ámbito celestial es territorio nuestro por derecho, puesto que Dios nos ha sentado en lugares celestiales con Cristo Jesús (Efesios 2:6). Necesitamos aprender a destruir fortalezas y toda altivez que se levanta contra el conocimiento de Dios, estando prontos para castigar toda desobediencia, cuando nuestra obediencia sea perfecta. (2 Corintios 10:4-6).

La intercesión de Ester por su pueblo, debido a las malvadas artimañas de Amán, tiene su paralelo en la Iglesia de hoy en nuestra intercesión contra las obras de la carne, estimuladas con frecuencia por el diablo. Es necesario destruir la obra de Amán en la Iglesia, porque él está decidido a destruir a la Iglesia. Las obras de la carne que aparecen en el capítulo cinco de Gálatas son las siguientes: adulterio, fornicación, inmundicia, lascivia, idolatría, hechicerías, enemistades, pleitos, celos, iras, contiendas, disensiones, herejías, envidias, homicidios, borracheras, orgías, y cosas semejantes a estas (vv. 19-21). Dondequiera que hallemos en acción estos males, es Amán, con su poder destructivo, el que domina la situación.

El Antiguo Testamento revela once pecados contra Dios que hacen caer su ira sobre el hombre. Dios abre la tierra y envía vivas al infierno a las personas, o las quebranta con la lepra para castigar estos pecados. Uno de ellos es el de tocar a los ungidos de Dios. Es peligroso oponerse a los ungidos de Dios, o hacerles daño. El Señor advierte: "No toquéis a mis ungidos, ni hagáis mal a mis profetas" (1 Crónicas 16:22). Yo me solía preguntar por qué María había quedado leprosa , sólo por no haber estado de acuerdo con su hermano Moisés acerca de la persona con la que él se iba a casar. Tal vez habría tenido el derecho de no estar de acuerdo con su hermano en su casa, puesto que formaba parte de su familia terrena. Pero llevó a la "Iglesia" su queja contra el ungido de Dios. Esto causó problemas en el campamento, y Dios la castigó con la lepra. Él hace aparecer la lepra cuando causamos disensiones en el campamento. Dios no va a dejar que entren en su próximo gran mover aquéllos que toquen su programa, sus propósitos (plan), sus profetas o su profecía.

Ester puso a Mardoqueo sobre la casa de Amán para establecer el gobierno del reino de justicia. En nuestra vida y nuestra iglesia, debemos declarar: "Bendito Espíritu Santo, éste es tu templo. Todo lo que tenemos es tuyo; no tenemos otra razón de vivir más que tú. No le vamos a dar oportunidad alguna a la carne para que reine dentro de nosotros, ni en medio de nosotros". Eso es consagración. La Iglesia va a prosperar bajo el gobierno de nuestro Mardoqueo celestial. Si le entregamos por completo nuestra vida al Espíritu Santo, vamos a descubrir que Él lleva el anillo y tiene acceso al trono para sellar cuanta petición hagamos. Y sus leyes no pueden ser contrariadas.

¿Le ha dicho el diablo alguna vez que Dios no responde a sus oraciones? Satanás es el mayor mentiroso que haya existido jamás; es el padre de la mentira. Algunas veces nuestras oraciones no son respondidas, porque pedimos mal, o porque hemos violado un principio exigido por Dios con respecto a la oración. Pero su nuestra oración va sellada con el sello del anillo que tiene el Espíritu Santo, no va a ser rechazada. Mardoqueo recibió el anillo del rey para autorizar una respuesta y una ley, y nadie podía echar abajo las palabras selladas de aquella forma. Aunque haya fuerzas sobrenaturales que traten de obstaculizar la respuesta a nuestras oraciones, recibiremos respuesta. Las Escrituras revelan que el profeta Daniel ayunó y oró durante veintiún días sin recibir respuesta a su petición. Entonces se le apareció un ángel con la respuesta y le explicó que se había producido una resistencia sobrenatural a sus oraciones que había retrasado su llegada (Daniel 10). Dios siempre gana esas batallas, si nos mantenemos en nuestro lugar de oración ante Él. Cuando Dios entra en batalla, la victoria es segura, y somos hechos más que vencedores en Él.

Cuando le consagramos por completo nuestra vida al Espíritu Santo, recibimos una posición, una autoridad y una riqueza auténticas. Yo no me rebajaría a convertirme en la reina de Inglaterra. No digo esto con arrogancia; sé que nunca se me ofrecería esa posición. Pero si se me ofreciera, no me rebajaría a ocuparla, porque prefiero ser embajadora de mi Rey, a gobernar sobre unas cuantas personas. No me hace falta usar coronas de diamantes y piedras preciosas; tengo unas coronas que no se van a desvanecer. No necesito tener un cetro que haya que guardar bajo llave en una caja de cristal; tengo un cetro que puedo usar. No tengo que ponerme vestiduras especiales para los días de fiesta; tengo un vestido para usarlo a diario, porque estos revestido con su justicia. ¿Para qué me interesaría ser líder político sobre la gente, cuando Dios me ha hecho líder para llevar el Evangelio? Ése es el llamamiento más elevado que hay sobre la tierra. No podemos cumplir con nuestro llamamiento, a menos que estemos dispuestos a entregarle la casa entera a Mardoqueo.

La solicitud de Ester de que el rey se encargara de contrarrestar los resultados de la maniobra de Amán me recuerda un pasaje de las Escrituras que aparece en la primera carta de Juan, y que es más valioso para mí que ningún otro cuando paso por pruebas y tribulaciones: "Para esto apareció el Hijo de Dios, para deshacer las obras del diablo" (1 Juan 3:8). "Para esto" son palabras que aplico a lo que me esté pasando en esos momentos, y declaro la destrucción de ese enemigo por el poder de Jesús. La palabra "deshacer" es el verbo griego *l'o*, en su forma *lyse*, que significa *para que pudiera deshacer, superar y vencer todo cuanto el diablo ha hecho en todos los tiempos*. Gracias a la muerte y resurrección de Jesús, por grandes que sean las dificultades por las que estemos pasando, no tenemos por qué perder terreno. Llegamos al final de la prueba con el enemigo destrozado y vencido. Amán y todos aquéllos que podrían estar en nuestra contra, han sido derrotados por la cruz. Si decidimos morir a nosotros mismos, dejar que Mardoqueo use el anillo y entregarle la casa, entonces Dios se encargará de nosotros.

Una mirada final a Shushán

El nombre de *Shushán* tiene una importancia mayor que la descubierta por nosotros hasta este momento. La palabra significa *el lugar donde habita el Santo*. Existió realmente un palacio real en Shushán, donde se produjeron estos acontecimientos históricos. Fue en Shushán donde Ester le dio a Mardoqueo autoridad plena sobre su casa, y donde fue derrotado Amán. En sentido figurado, el palacio es donde vive el Rey. Dios quiere que nuestro corazón sea el palacio de Shushán, donde gobierna el Espíritu Santo y la carne ha sido derrotada.

La palabra *Shushán* contiene el sonido hebreo de la *h* aspirada. En hebreo y en griego no se escribe la *h*; sólo se pronuncia al hablar cuando lo indica un símbolo parecido al acento, llamado "espíritu". Por ejemplo, en griego, la palabra traducida como "templo", transliterada sería *íeron*, y significa "un edificio corriente hecho de madera y piedra". Si quisiéramos cambiar la palabra para que signifique "templo de Dios", le pondríamos delante este símbolo llamado "espíritu áspero". Para convertir un *íeron* en *'íeron* (/híeron/) necesitamos la aspiración, el aliento. No hay vida sin el aliento. Sólo después de que Dios soplara sobre él, se convirtió Adán en alma viviente.

Eso ha ido sucediendo todo el tiempo a lo largo del Libro. El nombre de Abram se convirtió en Abra*ham*. El de Sarai se convirtió en Sar*ah*. Cuando Dios tocaba una vida, ponía su aliento dentro de ella y le cambiaba el nombre a la persona de acuerdo con lo realizado. Este "espíritu áspero" fue descendiendo hasta llegar el día de Pentecostés. Los creyentes estaban sentados unánimes en el aposento alto "en un *íeron*" y se produjo el sonido de un viento recio y rápido como el aliento. El Espíritu descendió sobre cada uno de ellos con lenguas de fuego que representan la santidad de Dios. Él es santo, y está buscando un pueblo santo para morar en Él. Con su fuego escribe su Palabra viva sobre nosotros, sus piedras vivas. Y su naturaleza y vida santas se vuelven nuestras. Quiere vivir en un lugar santo, en Shushán, en nuestro corazón. Quiere un hogar en el cual poder poner el aliento de su santidad para perfeccionarlo. Quiere que lo alabemos con aleluyas. La palabra "aleluya" se escribe con un espíritu áspero, de manera que se diría *"haleluya"*: nos estamos regocijando de que Él esté poniendo en nosotros su aliento de vida.

Shushán fue el lugar donde se escribió el decreto que les daba a los judíos, el pueblo de Ester, el derecho a defenderse contra sus enemigos. Dios luchó junto a ellos, y obtuvieron una victoria completa sobre sus enemigos en ese lugar santo que se hallaba bajo el gobierno de Mardoqueo. En nuestra vida, allí es donde se nos concederán favores y recibiremos las respuestas a nuestras peticiones. Del corazón que ha recibido el aliento de vida procedente de la presencia del Rey, saldrán decretos que nos darán la victoria sobre el enemigo. De esa clase de oración y de esa forma de vivir saldrá vida. Una vida que se ha convertido en templo para la presencia del Rey, va a ser usada para producir vida en otros.

En la tipología, a lo largo de las Escrituras, la ciudad representa a la Iglesia. Jesús dijo que éramos una ciudad asentada sobre una colina. Cuando Mardoqueo salió del palacio vestido con lino fino y púrpura, la ciudad de Shushán se regocijó. Cuando el Espíritu Santo toma el lugar que por derecho le corresponde en la Iglesia, es tiempo de regocijarse. Los cantos, gritos y danzas son unas expresiones maravillosas de regocijo en la Iglesia. Hay una celebración cuando entramos a la casa y tenemos victoria sobre la carne. Cuando llega el día del banquete, ya no hay que seguir sentado con cilicio y ceniza. Hemos estado en la presencia del Rey; nuestra petición ha sido respondida, y se han proclamado decretos. Amán ha sido ahorcado, y la horca se va a ocupar de sus descendientes. Nuestra vida pasa del llanto al gozo; de la lamentación al banquete y a enviarles porciones a otros. La Iglesia puede esperar un tiempo de celebración en el cual sus enemigos hayan sido derrotados por medio del poder del Espíritu Santo, cuando éste toma el lugar que le corresponde por derecho en nuestro corazón.

Un decreto es más fuerte que una petición; no se puede anular. Cuando se proclama el decreto desde el palacio de Shushán, sellado por Mardoqueo y por petición de Ester, ésta sabe que le será concedido el anhelo de su corazón. Aún quedan decretos por promulgar para la Iglesia, a medida que aprenda a caminar por los caminos de Ester y entre en la presencia del Rey. Hay peticiones que aún necesitan respuesta y solicitudes aún por conceder. Cuando Dios lanza un decreto, nosotros podemos decir: "Quítense del medio, diablo, demonios y todos los demás. Este decreto va a pasar."

Tal como hemos visto los designios de Dios para la Iglesia en el libro de Ester, nos podríamos sentir inclinados a preguntar dónde se encuentra hoy la Iglesia con respecto a los procesos de Dios. Yo creo que aún no ha llegado una revelación de Dios que va a ser la mayor que el ser humano vea jamás. La Iglesia va a conocer al Rey como nunca habíamos pensado que se le podría conocer. El libro de Ester habla en sentido profético de la Iglesia gloriosa y triunfante, sin mancha ni arruga, que conocerá el reinado definitivo del Mardoqueo divino y la destrucción de nuestros enemigos. El plan eterno de Dios, tal como le fue revelado a Pablo, aquello que había estado escondido en Dios desde el principio del mundo, se realizará en su plenitud. Pablo afirmó que había recibido gracia para predicar las insondables riquezas de Cristo, "para que la multiforme sabiduría de Dios sea ahora dada a conocer por medio de la *Iglesia* a los principados y potestades en los lugares celestiales, conforme al propósito eterno que hizo en Cristo Jesús nuestro Señor" (Efesios 3:10-11).

Pablo explicó que Dios le da dones de ministerios a la Iglesia "a fin de perfeccionar a los santos... hasta que todos lleguemos a la unidad de la fe y del conocimiento del Hijo de Dios, a un varón perfecto, a la medida de la estatura de la plenitud de Cristo" (Efesios 4:12-13). Hoy en día no vemos aún a la Iglesia en su triunfo definitivo sobre sus enemigos. No obstante, se halla bajo la mirada vigilante de Mardoqueo, el Espíritu Santo, quien le está dando revelación y poniendo en evidencia al verdadero enemigo de nuestras almas. Nuestra esperanza de victoria sobre nuestros enemigos se apoya en nuestra obediencia al Espíritu Santo, mientras Él se mantiene fielmente vigilante para llevarnos a lugar seguro.

Dios, que habita en la eternidad, no está limitado como nosotros. No necesita aplicar de uno en un a nuestra vida los procesos necesarios. En cierto sentido, tal vez nos sintamos que estamos en el lugar de preparación en el que se halló Ester, solos y aislados, meditando y sometiéndonos a disciplinas especiales. En otro sentido, tal vez estemos conscientes del gozo que significa tener comunión en su presencia en la adoración del banquete que le preparamos a nuestro Rey. Y tal vez nos hallemos en el día de batalla decretado para nosotros contra ciertos enemigos en particular, que están compitiendo por nuestra alma, mientras presentamos ante el Rey nuestra petición de vida para nosotros y para los nuestros. Es vital que permanezcamos en constante comunicación con el Espíritu Santo, de manera que no nos engañe Amán, una vida carnal tan astuta que amenace nuestra vida en Dios.

Cuando la Iglesia se humille para ayunar y orar, y presentarse ante el Rey, conocerá la adoración verdadera y experimentará la victoria definitiva sobre sus enemigos Unamos con este fin nuestros corazones, repitiendo el anhelante clamor de Ester: "Oh rey, si he hallado gracia en tus ojos, y si al rey place, séame dada mi vida por mi petición, y mi pueblo por mi demanda". Oro para que el Espíritu Santo ponga este clamor en muchos corazón que hayan sido traídas al reino *para esta hora*.

Casa Creación

Presenta

libros que edifican,
inspiran y fortalecen

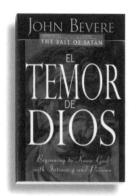

C A S A
CREACIÓN
ALIMENTANDO
SU ESPÍRITU